今すぐ君の武器になる
今日から使える心理学

文響社 編

JN021063

文響社

心理学の世界へようこそ

いらっしゃい、私が案内人のスコーレよ。
この先には数多の学問に続く扉があるの。
あなたが目指しているのは、そう……、
"心理学の扉"なのね。
心理学の扉を開く鍵も、もちろんここにあるわ。
じゃあ、扉をくぐる前に、少しだけお話をしましょう。

心理学とは、心や精神を科学的に研究する学問のこと。

古代ギリシア哲学の時代から、人間はずっと自分たちの心
について考えてきたわ。ただ、心理学が正式な学問として
成立したのは、今からたった140年ほど前のこと。
ほかに比べると、まだまだ新しい学問なのね。

心について思想をめぐらせる哲学とは違い、
実験を行うことで行動の変化を観測し、その結果を用いて、
人間の心理について分析するようになったのが
「心理学のはじまり」とされているわ。

心理学はあくまで実験、統計をもとにした研究をする
学問というわけね。
心理学に身を置く人々は、日夜、地道な実験をくり返し、
人の心を解き明かそうとしているわ。

がっかりしたら申し訳ないけど、
いわゆる心理テストや占いとは違うものだし、
心理学を学んだとしても、人の心を操ったり、
手に取るようにわかったりするわけではないのよ。
みんなそのあたり、勘違いしやすいのよね。

でも、心理学を学べば、
少しは人の心のクセや傾向がわかるようになる。
心は複雑だから、すべてがそのまま現実社会に
当てはまるわけではないけれど――、
きっといつかあなたの力になってくれるはず。

おしゃべりがすぎたわね。
さあ、心理学の扉は開かれたわ。

ようこそ、心理学の世界へ。
よい旅になることを祈っているわ――。

心理学への道標

わがはいはエピスティニィ。スコーレの飼い猫にゃ。
ここでは、現在の心理学が生まれるまでの大きな流れを
素人にもわかるように、ざっくり紹介してやるにゃん。

心理学の誕生 → ## 心理学の流派

心理学以前

おもに哲学的な知見に立って、人間の心の正体やコントロールの仕方を探していた。ときには催眠術が使われることもあったという。現代の感覚で見ると、客観性に乏しかったようだ。

心理学の成立

1879年、ヴィルヘルム・ヴントという哲学者がライプツィヒ大学（ドイツ）に心理学実験室を創設し、実験にもとづいて人の心や行動を観測しようとする「心理学」が学問として成立した。ヴントは『感覚知覚説貢献』という本を刊行し、これが「心理学最初の本」とされている。

構成主義心理学と機能主義心理学

構成主義心理学は「心とは何か？」、機能主義心理学は「心は何のためにあるのか？」を問うものだ。

機能主義心理学は生物学、進化学的な要素が強く、「心が人間の生存にどんな影響を与えているか」といった点に着目している。

内観法 VS. 行動主義

被験者の報告に頼って実験を行う「内観法」を用いたヴントに対し、ジョン・ワトソンは「行動主義」の立場から、外部から対象者の行動を観察し、より客観性の高い実験を行うべきだと批判した。

日本では、1875年にジョセフ・ヘヴンの著した書物を西周が『心理学』と翻訳し、心理学が伝わったらしいにゃ。日本の大学で、独立した心理学実験室が開設されたのは1903年の東京大学内の心理学実験室が最初にゃ〜。

心理学の発展

心理学の父

アメリカの心理学者ウィリアム・ジェームズが1890年に『心理学原理』を刊行。アメリカに心理学をもたらしたことで、心理学が一気に発展を遂げる。この功績でジェームズはアメリカ心理学の父と呼ばれるようになった。

心理学の基礎が完成

1900〜1930年にかけて、現在もなお参考にされる著名な実験、学説が発表された。

たとえば、ジークムント・フロイトの「夢分析」、ワトソンの「アルバート坊やの実験」、B・F・スキナーの「オペラント条件づけ」に関する実験などが挙げられる。

近現代の心理学

大戦とともに…

2度に及ぶ世界大戦を経て、全体主義に陥り、過激な行動をとりやすい集団心理の危うさや帰還兵の心的外傷後ストレス障害（PTSD）に対する研究などが進むようになった。

個人心理学
応用心理学

1920年代にアルフレッド・アドラーが提唱した個人心理学をはじめ、個人の人生に寄与するものとして心理学が応用され始める。また、「公認心理士」などが人々のカウンセリングにあたるようになる。さらに、行動心理学などがビジネスでも応用されるようになった！

心理学はどう役立つ？

心理学なんて学んだって得するのか？　なんという愚問だにゃあ！
じつはこんなところで役立っちゃうにゃん。

対人コミュニケーション

▲ ブックエンド効果 ── p106

「心理学」では一人一人の心をこまかに読みとることはできないが、統計学的な傾向は導き出せる。たとえば、「暖色は人にあたたかい印象を与える」「ゴミを片付けると、その地域の治安がよくなる」など。こうした心理学は広告やビジネスの分野、よりよい社会づくりのために利用できる。

人の心を読むまではできないが、「ある感情のとき、人間はこのような動作をとる」といった傾向や、印象操作に有効な方法が心理学では学べる。

これを活用すれば、人間関係やビジネスの場でのコミュニケーション能力が高まるといえるだろう。

ビジネス・社会

▲ ブロークンウィンドウ理論 ── p144

自己啓発

▲ エス —— p34

　内省的な問いかけをする哲学に対し、心理学はより客観的に心のしくみを解き明かそうとしている。そうした心のしくみを知ることで、「このように悩んでしまうのは、心の性質上仕方ない」など、割り切って考えることや、自分の感情をうまくコントロールする方法がわかるようになる。

　一般人が日常で使える心理学のほかにも、より専門的なレベルでの研究も引き続き行われている。

　たとえば、「すっぱいものを見るとよだれが出る」などは、動物の学習機能、認知にもかかわるもので、脳科学的な研究とも深いつながりがある。

学問・医療

▲ パブロフの犬 —— p138

　心理学を通じて心の傾向を知ることができれば、自分の感情や考えをよりスマートに処理できるようになり、あらゆる悩みの解決につながるはずにゃ。また、他人の感情や価値観、悩みを理解するのにも役立つかもにゃ～。

目次
contents

本書の見方（ほんしょのみかた）

小分類（しょうぶんるい）
心理学（しんりがく）の中（なか）でどの分野（ぶんや）にあたるものかを
示（しめ）しています。＊

見出し（みだし）
一言（ひとこと）で表（あらわ）すとどのような意味（いみ）かを
説明（せつめい）します。

解説（かいせつ）
用語（ようご）の由来（ゆらい）や成（な）り立（た）ち、
関連（かんれん）する社会問題（しゃかいもんだい）など
を取（と）り上（あ）げ、用語（ようご）につい
ての知識（ちしき）を深（ふか）めること
ができます。

使用例（しようれい）
この用語（ようご）を実際（じっさい）に使（つか）う
ときの参考（さんこう）となる会話（かいわ）
を紹介（しょうかい）します。

イラスト
用語（ようご）の意味（いみ）を表現（ひょうげん）した描（か）き下（お）ろしイラスト。
ビジュアルを眺（なが）めるだけでも用語（ようご）のイメー
ジを捉（とら）えられます。

キーワード
類義語（るいぎご）、対義語（たいぎご）、関連語（かんれんご）など、
あわせて学（まな）びたい用語（ようご）を紹介（しょうかい）
します。

＊心理学用語（しんりがくようご）には哲学（てつがく）や経済学（けいざいがく）など他（ほか）の学問分野（がくもんぶんや）と関連（かんれん）する用語（ようご）も多数（たすう）存在（そんざい）します。
この本（ほん）では心理学分野（しんりがくぶんや）に限定（げんてい）して分類（ぶんるい）をしています。

「これを読んではいけない」

カリギュラ効果

禁止・制限されたものほど
かえって興味をひかれる現象。

◆

何かを禁止されると、かえって興味をかき立てられ、禁止された行動をあえてしてしまうことを指す言葉。

この名称の由来は、1980年に公開された映画『カリギュラ』である。この映画の内容が非常に過激だったため、上映禁止となったことが、かえって人々の興味をひいた現象がもとになっている。

カリギュラ効果の特徴は、自分自身がしたい・したくないにかかわらず、禁止・制限されたものにつられてしまうことである。この特徴によって顧客を増やそうと、カリギュラ効果を使ったマーケティングが多く存在する。「一人では絶対に見ないでください」といったコピーを映画の宣伝に用いているものは、その例の一つであり、映画に興味のない人までも誘おうとする戦略といえる。

また、『浦島太郎』や『つるの恩返し』をはじめとして、「禁止されたことをしてしまう」というカリギュラ効果の発生を展開に加えた物語が多く存在する。

💬 使用例

「嫌われるほど好きになるのって、カリギュラ効果かな？」

「それは単なる悪趣味じゃない？」

🔑 キーワード

・認知的不協和…自他の認知が不一致なこと、それに伴う不快感。
・皮肉過程理論…考えないようするほど、頭から離れなくなる現象。
・モラル・ライセンシング…善行の後の悪行は許されるという考え。

認知
心理学

自分にかかわることだけが聞こえる

カクテルパーティー効果

騒がしい場所にいても、自分に関係する発言や声だけは聞きとれること。

◆

騒がしい場所や、多くの人がおしゃべりをしている中でも、自分に必要な声や発言を聞きとれる現象のこと。騒がしいパーティーのような場所で見られることから、この名がついた。

これは、人間の脳で起こる「音の取捨選択」によるものと考えられている。仮に耳で聞こえた音をすべて認識しようとすると、その量が多すぎるため、脳は処理しきれなくなってしまう。そのため、脳は耳から入ってきた音を、自分にとって必要なものかどうかを判断・選択したうえで、認識しているのである。

たとえば、電車の中で眠ってしまっていたにもかかわらず、降りたい駅の名前がアナウンスされる瞬間に目が覚めたことはないだろうか。また、学校や職場などでまわりの人が雑談していると、話の内容はまったく聞こえていなくても、自分の名前が聞こえた瞬間、話の内容が聞こえてくるようになるはずである。これらはすべて、カクテルパーティー効果によるものである。

💬 使用例

「騒がしいけど、３か所から俺の噂話をしているのが聞こえるぞ」
「カクテルパーティー効果というか、聖徳太子みたいだな」

🔑 キーワード

・選択的聴取…多くの音の中から、脳が聞くべき音を選ぶこと。
・カラーバス効果…意識していることが自然と目に留まる現象。
・ハース効果…わずかに異なる2つの音を一音として認識する現象。

行動
心理学

口コミがもっとも効果的な宣伝

ウィンザー効果

当事者から直接発信された情報よりも、第三者から発信されたものを信頼しやすい。

ある情報について、当事者から直接伝えられるよりも、第三者から間接的に伝えられたほうが、信憑性が上がる心理効果。

たとえば、人から直接「すごいね」と褒められると、うれしい反面、「もしかして、お世辞で言っているのでは？」と疑いたくなる気持ちが芽生えやすい。しかし、第三者から「〇〇さんが、あなたのことをすごいと言っていたよ」と間接的に言われれば、「〇〇さんは本当に褒めてくれているんだな」と実感しやすくなる。

また、ある会社が「うちの商品はスゴイ！」と宣伝しても効果がないのに、第三者であるインフルエンサーが「〇〇社の商品、すごかった！」とSNSに投稿するだけで、評判が一気に高まるのも、ウィンザー効果の一つである。

ちなみに、ウィンザー効果という名称は、ミステリー小説『伯爵夫人はスパイ』の登場人物であるウィンザー伯爵夫人が、「第三者の褒め言葉が何よりも効果的だわ」と語ることに由来している。

💬 使用例

「先輩があなたのこと、よくがんばってるって褒めてたよ」

「ウィンザー効果っぽいけど、うれしいよ〜！」

🔑 キーワード

- 第三者効果…メディアに影響されるのは他人だけと考えること。
- 三角測量効果…親密でない人と考えが一致すると信憑性が増す。
- スリーパー効果…時間が経つと情報の信頼度が膨れ上がる現象。

社会
心理学

みんなといっしょがいちばん

ハーディング効果

安心感を得るために、まわりの多数の人と同じ考えや行動をとること。

まわりの人と同じ行動をとったり、他者の行動を真似したりして、安心感を得ようとする心理のこと。

たとえば、みんながトイレに行こうとすると、自分もつい行ってしまうことや、自分は賛成ではないものの、みんなが「賛成！」と手を挙げていたら、自分も挙げざるを得ないことなど、日常の中には多くのハーディング効果が見られる。

これは、いわゆる集団心理による現象であり、群れで生活する草食動物にも見られるとされている。

たとえ自分の考えが正しかったとしても、多くの人の中で、自分一人だけが異なる考えをもち続けるのは、非常に難しい。また、自分一人が別の行動をして、集団から外れたくないという意識から、自分の考えを無視してでも、まわりに同調してしまうのである。その結果、集団で非合理的な行動を生み出してしまい、社会全体が間違った方向へと進んでしまうことも少なくない。

💬 使用例

「みんなが並んでるあのラーメン屋、5時間並んで食べてきた！」
「ハーディング効果とはいえ、5時間はすごいね」

🔑 キーワード

- 沈黙の螺旋…世論をつくる過程で、少数派が沈黙すること。
- 集団心理…個人が集団に所属したときに生じる心理状態。
- 集団規範…集団内で形成される暗黙の価値観のこと。

だれかがやるから大丈夫

傍観者効果

大人数が集まる場では責任の分散が起こり、援助行動が抑制されてしまうこと。

◆

人が大勢いると、自分以外のだれかが行動すると考え、他人任せな態度をとってしまう傾向のこと。たとえば、電車に高齢者がいても、「だれかが席を譲るだろう」と思い、自分からは席を譲らなかったことはないだろうか。また、会議などで言いたいことがあっても、「ほかの人が言ってくれるだろう」と考え、自分からは発言しないといったことも、傍観者効果の一つである。

傍観者効果は、心理学者のビブ・ラタネとジョン・ダーリーによって明らかになった。彼らは、多くの目撃者がいたにもかかわらず、だれも被害者を助けようとしなかった殺人事件「キティ・ジェノヴィーズ事件」に着目し、傍観者効果を確認するための実験を行ったとされる。なお、傍観者効果における他力本願な心理は、「責任の分散」と呼ばれ、行動して失敗したときに、まわりから責められたくないという「聴衆抑制」といった心理とともに、傍観者効果の要因と考えられている。

💬 使用例

「部室の掃除はだれかするだろうし、俺はやらなくていいかな」
「じつは僕もそう思ってたんだ。まさに傍観者効果だな」

🔑 キーワード

- 集団浅慮…集団の合意で判断能力が鈍り、愚かな決定をすること。
- 責任の分散…他者と同じ行動をとり、責任を分散させる心理。
- 聴衆抑制…失敗による批判を恐れ、援助行動を控えること。

これはきっと私のこと

バーナム効果

大部分の人に当てはまることなのに、「これは自分のことだ！」と受け入れてしまうこと。

だれにでも当てはまるような内容を見聞きしたときに、自分にだけ当てはまるものとして受け入れてしまう傾向のこと。

この名称は、映画『グレイテスト・ショーマン』の主人公のモデルにもなった、サーカスの興行主であるバーナムが、「だれにでも当てはまる要点がある」と言ったことがもとになっている。

バーナム効果がよく見られるのは、占いである。占い師に「あなたは悩みを抱えていますね？」と言われると、「なぜわかったんだろう」と驚き、占い師を信じてしまうようになる。しかし実際は、この世に悩みを抱えていない人はほとんどおらず、ほとんどの人に通用する内容を告げられただけなのである。

また、神社のおみくじにもバーナム効果が働いている。大多数の人にとってもっともらしく思える内容が書いてあるにもかかわらず、「偶然にその結果が出た」ことで、「自分のことをいい表している」と思いやすくなると考えられている。

💬 使用例

「よく当たる占い師がいるらしいんだけど、行ってみない？」

「その人、バーナム効果を活用しているだけかもよ」

🔑 キーワード

- ホット・リーディング…事前に相手を調べ、心を透視する話術。
- コールド・リーディング…下調べなしで相手の気持ちを当てる話術。
- 類型論…人格をいくつかのタイプに分類して、性格を示すこと。

かわいいものを潰したい

キュートアグレッション

かわいいものを見ると攻撃的になり、潰したり噛みついたりしたくなる現象。

人間は、赤ちゃんや小さい動物など、かわいいものを見ると、潰してみたくなったり、噛みついてみたくなったりすることがある。このように、「かわいい」と感じる対象に、攻撃的になってしまう衝動が、キュートアグレッションである。

また、かわいいものを見て、自分の歯を食いしばったり、自分の手をつねったりする行動も、キュートアグレッションの一つとされている。

これは、愛らしいものを見たときに脳内で分泌される、神経伝達物質のドーパミンが影響していると考えられている。人間はドーパミンが過剰に分泌されると攻撃的になるため、脳内回路で「かわいい」という感情と攻撃性が混同されるのではないかとされている。

ちなみに、「かわいさ余って憎さ百倍」ということわざに似ている心理にも思えるが、こちらは「かわいいと思う心が強いだけに、憎むとその思いも強くなる」という意味で、まったく異なるものだ。

🗩 使用例

「かわいい動物を見るたびに、つねりたくなっちゃうんだよね」

「キュートアグレッションとはいえ、実際にやっちゃダメだよ」

🔑 キーワード

・アンダードッグ効果…不利な状況にある者を応援したくなる現象。
・加虐心…他者をいじめたり傷つけたいと思う心理。
・サディズム…相手に苦痛を与えて満足を得る倒錯した性的嗜好。

勝ち馬には乗りたい

バンドワゴン効果

多くの人に受け入れられていることが伝わると、
その人・ものがより支持されるようになること。

あるものが多くの人に受け入れられているという情報が伝わることで、それを支持・選択する傾向が一層強くなる状態のこと。

バンドワゴン効果のもっとも顕著な例が選挙投票で、選挙で優勢という情報が流れた候補者には、票が集まりやすくなるとされている。これは、有権者が「自分が投じた票が無駄になるようなことはしたくない」と考え、優勢なほうに投票しようとする、バンドワゴン効果が働くためである。

ちなみに、「バンドワゴン」とは、欧米でのパレードなどの先頭にいる楽隊車のことである。バンドワゴンが街に出て音楽を鳴らすと、人々が集まってくることから、この名称のもとになった。

また、英語では、流行や勝ち馬に乗ることを「jump on the bandwagon（バンドワゴンに飛び乗る）」、流行に乗る人やにわかファンのことを「bandwagon fan」「bandwagoner」などと表現する。

💬 使用例

「今年は阪神タイガースが強いから、応援しようかな」
「バンドワゴン効果で応援すると、にわか扱いされるぞ」

🔑 キーワード

・スノッブ効果…他者から支持されるものを否定したくなる心理。
・社会的証明…他人の意見を参考に自分の意見を決める傾向。
・アナウンスメント効果…選挙報道が投票行動に影響を与えること。

判断材料は「思い込み」
認知バイアス

過去の経験や知識、思い込みによって、
合理的でない判断をしてしまうこと。

経験や先入観、思い込みに影響され、非合理的な判断をしてしまう心理傾向のこと。もともと「バイアス」とは、先入観や偏見といった、考え方や意見に偏りを生じさせるもののことである。そのバイアスが、物事を認識・理解するための「認知」という心の働きにかかわることが、認知バイアスである。

　私たちの脳は、つねに多くの情報を集めている。それらすべてを論理的に扱っていては、情報の大部分を処理できなくなってしまうため、過去の経験や記憶、知識などをもとにして、物事を簡易的に判断しようとする。すると、瞬間的に判断ができるようにはなるものの、「男ってみんなこうだから」「黒猫を見たら不吉」などの、安易で非合理的な判断を生み出すことがある。これが認知バイアスの原因である。

　なお、認知バイアスにはたくさんの種類があり、本書でとり上げているナイーブ・リアリズムやハロー効果などもその一つである。

💬 使用例

「あの人、たこ焼きが好きだってことは、大阪出身だね」
「沖縄出身だって。認知バイアスで判断しないでよ」

🔑 キーワード

・正常性バイアス…危険な状況でも、大丈夫と思い込むこと。
・ヒューリスティック…経験や先入観で判断を下すこと。
・認知の歪み…決めつけや感情に従い、歪んだとらえ方をすること。

ありがちなイメージで考える

代表性ヒューリスティック

代表的・典型的な、もっともらしい事柄を もとにした判断プロセス。

人間は何かを考察・判断しなければならないとき、論理的に考えるだけでなく、経験や先入観、直感などをもとにすることがある。この方法を「ヒューリスティック」という。

そんなヒューリスティックの中でも、代表的・典型的であること、つまり「ありがち」と思われる事柄を、考察・判断の材料にすることが、「代表性ヒューリスティック」である。

たとえば、ブラジル出身の人に対して「サッカーが上手い」と勝手に思い込んだり、血液型がA型の人に「まじめなタイプ」といったキャラクター付けをしたりなど、「ブラジル出身」「A型」という事例に対して、「ありがち」なイメージを押しつけることが、代表性ヒューリスティックの例である。

とても短絡的な判断プロセスといえる代表性ヒューリスティックだが、「赤信号＝危険」などと、イメージですぐに判断できるため、瞬間的な判断が必要な場面では非常に有効とされている。

💬 使用例

「あいつは秋田出身だから、きりたんぽしか食べないだろ」
「ずいぶんと極端な代表性ヒューリスティックだな」

🔑 キーワード

・合接の誤謬…特殊な状況を事実と認識しやすい傾向。
・利用可能性ヒューリスティック…想起しやすいもので判断すること。
・シミュレーション・ヒューリスティック…空想に基づき判断すること。

「見ることをしている自分」を見る

メタ認知

自分が「認知している」という状況を、より高位のメタ視点から客観的に認知すること。

「認知」とは、ものごとを認識・理解することである。自分が認知しているということを、自分の目線ではなく、より上の視点である「メタ」から見るようにして、客観的に認知することを「メタ認知」という。簡単にいうと、「客観的に自分を見る」ことで、「見る」「聞く」「感じる」といった認知を行っている自分をも、認知の対象として認知することである。

たとえば、怒っているときには、怒っている対象と、怒りの感情だけを認知しており、怒りがいつまで経っても収まらなかったり、八つ当たりをしたりもする。ここにメタ認知が加わると、怒っている自分をも認知の対象とし、「私は○○の行為に対して、かなり怒っているんだな」と、怒りの原因や怒りのレベルなどを客観的に把握できる。そしてそこから、怒りの収め方を導き出したり、怒りの対象に向けて改善を促したりといった、建設的な対処ができるようになるのである。

💬 使用例

「怠け者でだらしなくて努力しない俺は、なんてダメなやつなんだ」
「メタ認知しすぎてネガティブになってるぜ」

🔑 キーワード

・クオリア…人が主観的に感じたり経験したりする独特の質感。
・内観…自分の意識や認知を自ら観察すること。
・鏡像認知…鏡に映った自分を自分として認識すること。

人間の心において、もっとも原始的で「快楽原則」に支配されている部分。

心理学者のジークムント・フロイトは、人の心はエス（イド）、エゴ（自我）、スーパーエゴ（超自我）という３つの領域から構成されるという、「心的構造論」を唱えた。その中でもエスは、もっとも原始的なもので、本能の衝動を満足させ、不快であることを避けようとする「快楽原則」に支配されている部分である。ここには、人間を動かすエネルギー（おもに性的衝動）の源であるリビドーが蓄えられているとフロイトは考えた。

そんなエスを抑制するのが、常識やルールなどの「道徳原則」に支配されているスーパーエゴである。さらに、エスとスーパーエゴのバランスをとり、現実に合わせようとする「調整役」がエゴ、すなわち「その人」そのものであるとした。漫画などで、登場人物の脳内で天使と悪魔がせめぎ合う場面が描かれることがあるが、天使がスーパーエゴ、悪魔がエスに近い。そして、天使と悪魔の存在に悩みながらも、実際の行動の判断を下す人こそがエゴにあたる。

💬 使用例

「仕事はもうイヤ！　好きなことだけしたいんだよ！」

「きみのエスがそう言わせてるのかもね」

🔑 キーワード

- デストルドー…死へと向かう欲望のこと。
- 無意識…意識できないように、深く抑圧されている心の部分。
- 前意識…通常は意識しないが、努力すれば意識できる心の部分。

発達で変化する本能的エネルギー

リビドー

無意識の領域であるエスに溜め込まれた、
本能的な性衝動を生み出すエネルギー。

本来はラテン語で「強い欲望」を表す言葉であるが、心理学者のフロイトにより、精神分析での概念として用いられるようになった。

　フロイトは、本能的な性衝動が人間の行動の原動力となるものであり、その性衝動を突き動かすエネルギーがリビドーであるとした。そしてリビドーは、フロイトが心的構造論で唱えた、心の3つの領域（エス・エゴ・スーパーエゴ）のうち、快楽原則で支配されたエスに、存在するとされている。

　フロイトは、リビドーは人間の発達とともに変化すると考え、口唇期、肛門期、男根期、潜伏期、そして思春期の性器期といったそれぞれの発達段階でリビドーが満たされないと、自己の形成にさまざまな影響を及ぼすとした。なお、心理学者のカール・グスタフ・ユングは、リビドーをフロイトのように性的要素に限らず、すべての行動の源となる本能的なエネルギーとして解釈した。

💬 **使用例**

「交際相手が欲しいのは、俺のリビドーが求めているからだ！」

「リビドーというよりは、ただの欲望だな」

🔑 **キーワード**

・タナトス…生命を破壊しようとする、死の本能・衝動。
・マッチング効果…外見レベルが近い人と恋愛しやすい傾向。
・タブラ・ラサ…「生来の心は白紙である」という考え。

この世ではだれもが「役者」

ドラマツルギー

どんな人も、その場にふさわしい「役割」を演じているという考え方。

　ともとは演劇用語で、「上演法」「作劇法」を指す言葉だが、社会学では、「人はその場にふさわしく、まわりに求められている役割を、演劇の俳優のように演じている」という考え方を指す。

　学生であれば、授業中には生徒として先生に従順にしていても、友達といるときには、ふざけたりくだらないことを言ったりするはずである。また、家に帰ると、その家の子どもとして親にわがままを言ったり、つっけんどんな態度をとったりもするだろう。

　このように、一人の人間であっても、たった1日の間にいくつもの「役割」を場面に合わせて切り替えている。そこから、「どんな人間でも、一貫性のある心理やアイデンティティはもち合わせていない」とするのが、ドラマツルギーの考え方である。

　この社会学的なドラマツルギーについて考えた社会学者のアーヴィング・ゴッフマンは、まわりに合った役割を演じることがコミュニケーションの基本であり、社会を成り立たせるものだとした。

💬 使用例

「私、彼氏の前では女王様のように振る舞っちゃうんだよね」

「そういうドラマツルギーってことね」

🔑 キーワード

・アイデンティティ…状況が変化しても、自分は自分だという感覚。
・社会的相互作用…場の状況や他者の態度に合わせて反応すること。
・ドラマセラピー…役を演じるなど、演劇を用いた心理療法。

人格
心理学

社会で生きるための「仮面」

ペルソナ

一般的に望ましいとされるため、社会で生きるうえでは
必要な「外ヅラ」としての人格。

人類に共通する無意識（集合的無意識）の中にある、社会に適応するための人格のことである。本来ペルソナは、ギリシアの古典劇で役者がつけた仮面のことで、個人が社会で生きるうえで必要な人格を身につけていることを、仮面をつけることになぞらえて、心理学者のユングが提唱した概念である。

男性の場合のペルソナは、一般的に論理的で非感情的な、いわゆる「男らしい」ものでなければならないとされてきた。そのペルソナに合わない部分は締め出され、心の中で「アニマ」という女性像となる。女性も、やさしく従順な「女らしい」ペルソナをつけつつも、そこからはみ出したものは「アニムス」という男性像として現れるとユングは分析した。

なお、ビジネス上での「ペルソナ」は、典型的な顧客のモデルを表すものである。性別や年齢、職業などが細かく設定され、商品開発やマーケティングに用いられている。

💬 使用例

「俺は男だから、強く、たくましく生きて行くぜ！」
「そういうペルソナよりも、自分の生きたいように生きたら？」

🔑 キーワード

・アニマ…男性の無意識にある、女性的な傾向のこと。
・アニムス…女性の無意識にある、男性的な傾向のこと。
・自己一致…自分自身のありのままの感情を受け入れること。

心の奥にある「もう一人の自分」

シャドウ

自分の性格の一つでありながら、受け入れられず、表に出ないようにした自我のこと。

自分の性格や特徴の中で、自分自身では受け入れられず、表に出ないようにした自己・自我のこと。心の影（シャドウ）の部分を指すものとして、心理学者のユングによって名づけられた。

ついイラッとしてしまったり、「合わない」と感じてしまったりするような人・ものに共通する傾向が、じつは自分の受け入れられない部分、つまりシャドウに類似していると、ユングは唱えた。

つまり、「苦手」「嫌い」と感じる要素は、その対象にあるのではなく、自分自身にあるということである。相手を「苦手」「嫌い」なのではなく、自分のネガティブな部分を他者に投影し、同族嫌悪を感じているだけだといえるだろう。

また、「苦手」「嫌い」な人・ものは、本当は自分が望んでいたものの、あきらめてしまい、心の奥に押し込めてしまったものであるともされている。つまりシャドウは、「本当はこうやって生きてみたかった」と思える、もう一人の自分ともいえる。

💬 使用例

「あの人の冷静すぎるところ、苦手なんだよね」

「それ、あんたのシャドウの部分かもよ」

🔑 キーワード

・自我…外界と区別され、思考・意志・行為をする意識の統一体。
・無意識…人間が自覚していない、思考や感情の奥に潜んだ自我。
・投影…「もう一人の自分」であるシャドウを他者に映し出すこと。

閑話休題　心の育て方

お疲れさま。心理学の世界はどう？　楽しんでいる？

ここまで、いくつかの心理学用語に触れてもらったけど、
あなたは心をどんなものだと感じるようになったかしら。

著名な心理学者や精神学者たちは、心理学や人の心についてこのように語っているわ。

心とは氷山のようなものである。氷山はその大きさの7分の1を海面の上に出して漂う。（ジークムント・フロイト）

過去20年間の心理学における最大の発見は、人は考え方を選べるということだ。（マーティン・セリグマン）

「夢分析」で世界的に有名なフロイトでさえ、心について見えるのはごく一部と語っているわけね。

「ポジティブ心理学」の提唱者であるセリグマンに至っては、結局「気のもちよう」というか、心理学を知ってできることは、自分の考え方のスイッチを切り替えることくらいといっているみたい。

ここでは、「人間性心理学」を研究したアブラハム・マズローの「欲求の階層」を紹介するわ。

マズローが遺した「人間は、自分がなれると思ったものにならねばならない」の言葉のように、あなたにとっての理想の姿を追求してみてちょうだい。

マズローの「欲求の階層」

　マズローは人間の欲求を「欠乏欲求」「成長欲求」の2部門に分け、それぞれに4つの段階を見出したにゃ。下に行くほど、本能・生存にかかわる欲求になっているにゃ。「成長欲求」が評価されがちだけど、まずは「欠乏欲求」を満たさないことには、高度な欲求を叶えることは難しいにゃ〜。

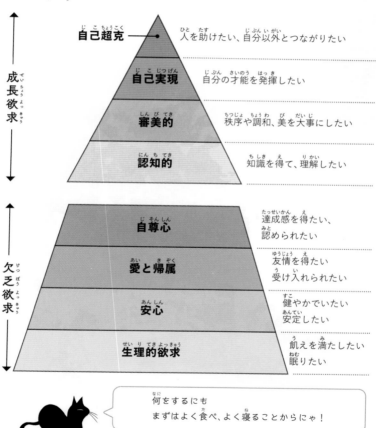

成長欲求

自己超克 —— 人を助けたい、自分以外とつながりたい

自己実現 自分の才能を発揮したい

審美的 秩序や調和、美を大事にしたい

認知的 知識を得て、理解したい

欠乏欲求

自尊心 達成感を得たい、認められたい

愛と帰属 友情を得たい、受け入れられたい

安心 健やかでいたい、安定したい

生理的欲求 飢えを満たしたい、眠りたい

何をするにも
まずはよく食べ、よく寝ることからにゃ！

自分を他者に見立てる

エンパシー

他者の気持ちや状況について、
自分事としてとらえること。

◆

「感情移入」「自己移入」ともいわれる言葉で、自分以外の人の気持ちや状況を、その人の立場になって想像すること。

エンパシーに似た言葉に、「シンパシー」がある。こちらは、相手の気持ちに同情したり、気の毒に思ったりすることである。シンパシーは、気持ちや考えに同意できる人や、自分と似た意見をもっている人が対象となることが多い。一方で、相手の感情にまったく同意できなくても相手の立場を想像できるのが、エンパシーである。

たとえば、つらい経験をした相手に対し、「大変だったね」「そのつらい気持ち、わかるー！」と、相手の状況を気の毒がるのがシンパシーで、エンパシーの場合は、相手の状況を自分事のように考え、「この人はつらい経験が苦しかったのだな」と理解する。

多様性が尊重される時代においては、たとえ相手の考えに同意できなくても、相手の立場に立ち、気持ちを推し量るエンパシーの能力が重視されると考えられている。

💬 使用例

「ときどきなんだけど、うちの犬の気持ちになってみるんだ」
「動物にもエンパシー能力を発揮してるんだね」

〜〜〜〜〜〜〜〜〜〜〜〜〜〜〜〜〜〜〜〜〜〜〜〜〜〜〜〜〜〜

🔑 キーワード

・投影性同一視…自分の短所を他者に見出すこと。
・共感的理解…相手の考え方や感情を自分事のように感じること。
・テレパシー…言語などを介さずに感情が他者に伝わること。

人助けが幸福感を生む

ヘルパーズハイ

他者のためになることをすれば、ドーパミンが放出されて幸福感を得られること。

人を助けたり、だれかの役に立っていると実感できたりすると、幸せを感じられる現象のこと。これは、人助けをすると、脳内に神経伝達物質のドーパミンが多く放出されるようになるためと考えられている。ドーパミンには、前向きになれたり、幸福感が増したりする効果があるため、幸せを感じやすくなるのである。

ヘルパーズハイについては、アメリカの心理学者であるソニア・リュボミアスキーが次のような実験を行っている。実験のために集めた人々を、A「社会貢献活動」、B「友人・家族にやさしくする」、C「自分にやさしくする」、D「いつもどおりに過ごす」の、4つの活動をするグループに分けたところ、AやBのような、他者を助ける活動をした人たちの幸福度が上がる結果になった。

一方で、Dはもちろん、Cをした人たちの幸福度にも、ほとんど変化はなかった。これは、自分一人での行為では、幸福感をだれとも共有できず、幸福感が長続きしないためと考えられている。

📃 使用例

「最近、幸せな気持ちになれないんだよなぁ」

「ボランティアをしてみたら？　ヘルパーズハイになれるかもよ」

🔑 キーワード

- 他者貢献…自分のまわりの他者に対して貢献すること。
- ランナーズハイ…ランニング中の脳内物質が引き起こす恍惚感。
- 自己目的的パーソナリティ…報酬ではなく、活動を目的にする人。

献身の陰にある承認欲求

メサイアコンプレックス

自分を価値のある人間だと思うために、救世主のように人々を助けようとする傾向。

救世主（メシア）のように、人々を救ったり、自分を犠牲にしてまで他者のためにがんばろうとしたりする傾向のこと。

その献身的な心情・行動の裏には、手助けした相手から感謝されたり、見返りをもらえたりすることで、「自分が有能で価値のある人間だと思いたい」「人より自分が優位に立ちたい」という、自分本位の気持ちが隠れている。つまり、人を助けることで、「自分には価値がない」というコンプレックスを解消し、承認欲求を満たそうとしているのである。

そのため、「自分の価値を高めたい」という気持ちだけのメサイアコンプレックスの人が、親切を押しつけることで、「余計なお世話」や「ありがた迷惑」を引き起こしてしまうことも少なくない。

また、メサイアコンプレックスを抱えている人は、医師や看護師、介護職など、人から感謝されやすい職業に就く傾向もあるといわれている。

💬 使用例

「私はどうなってもいいから、あなたのためなら何でもするよ！」

「もしかして、メサイアコンプレックスっぽい？」

🔑 キーワード

- 博愛主義…人種などを超えて、人類は愛し合うべきとする主義。
- 承認欲求…価値ある存在として、他者から認められたがる願望。
- 傷ついた癒し手…心の傷を糧に心理支援で能力を発揮する人。

属しているようで属していない

マージナルマン

いくつかの異なる社会や集団に属しながらも、
完全には属していない人のこと。

2 つ以上の異なる社会や集団に属しつつも、それらの中心ではなく、マージン（へり、縁）にいるため、いずれにも完全に属していない人のこと。「境界人」、「周辺人」とも呼ぶ。

移住者や移民、少数民族の出身者などに見られる類型。たとえば移民の子であれば、血筋のルーツとなる人種・文化と、実際に生まれ育った地という二者のマージナルマンとなる。そのため、どちらに与するべきかとジレンマに陥ってしまうように、異なる文化に挟まれ、どちらにも相容れずに不適応に陥る人も少なくない。

また、マージナルマンは、人間の成長の中で、子どもにも大人にも属さない青年期の人のことも指す。かつての社会では、「労働ができれば大人」などの基準があり、10代半ばから大人扱いされることが多かったが、近年は大人として見られる基準があいまいであることから、子どもと大人のマージナルマンとして存在する期間が20代半ばまでのびているとされている。

💬 使用例

「アラサーなのに、大人になれてる気がしないんだよね」

「マージナルマンとして生きてもいいんじゃない？」

🔑 キーワード

・帰属意識…特定の集団に対し、一体感をおぼえる心理状態。
・モラトリアム…青年期にアイデンティティを確立するまでの猶予期間。
・ディアスポラ…パレスチナ以外の地に移り住んだユダヤ人のこと。

思うほど幸福でも不幸でもない

インパクトバイアス

将来の出来事による影響を、よくも悪くも過大評価してしまう傾向。

将来、経験するであろう出来事について、その影響の強さや、影響が続く期間について、実際よりも大きくイメージしやすい傾向のこと。

たとえば、「この仕事が終われば、気持ちがスッキリするに違いない！」と予測したとしても、実際にはそこまで気持ちが晴れず、「こんなものか」と感じ、解放感を得たとしても、その感覚はすぐに冷めてしまうことが多い。失敗や失恋などの悲しい経験でも、「死にそうなくらい苦しいはずだ」「一生悲しみを抱き続けてしまう」とは思うものの、実際には悲しみ・苦しみを引きずることは少なく、ある程度の時間が経つと薄れるようになる。

つまり、幸福な出来事であれ、不幸な出来事であれ、その影響はじつは限定的・一時的であるといえる。たとえどんなにインパクトバイアスで過大評価しようとも、数年後には「そんなこともあったね」と、思い出話になってしまうのである。

💬 使用例

「あの大企業に就職できたら、社長になって億万長者になる！」

「インパクトバイアスの規模がデカすぎない？」

🔑 キーワード

・予期的後悔…失敗や後悔することを想像し、行動を決定すること。
・確証バイアス…自分に都合のいい情報ばかりを集める傾向のこと。
・合理化…防衛機制の一種。不都合を理屈で正当化すること。

言われたらやりたくなくなる

心理的リアクタンス

だれかから強制されたときに、反発したりやる気を喪失したりする心理。

◆

人が自由を奪われたり、何かを強制されたりしたときに、反発したくなる心理のこと。かつて「宿題をしなさい！」と親から言われて、「今やろうと思ったのに！」と反発したり、やる気を失ったりした経験のある人は多いのではないだろうか。これがもっともわかりやすい心理的リアクタンスの例といえる。

この心理は、人は「自分のことは自分で決めたい」という欲求を、生まれながらにもっていることがもとになっている。他者に行動を押しつけられたり、行動を制限されたりすると、「自由になりたい」という気持ちが発生し、反発として表れるのである。

なお、心理的リアクタンスは、マイナスなことを押しつけられたときの「よい抵抗」としてだけでなく、プラスになる強制・制限であっても発生する。たとえば、まわりから「あんな人はやめておきなさい」と言われるような交際が、かえって燃え上がってしまうのは、心理的リアクタンスによる「悪い抵抗」といえる。

💬 使用例

「人から命令されると、絶対に言うことを聞きたくなくなるんだ」
「それ、心理的リアクタンスが強すぎない？」

🔑 キーワード

- パターナリズム…強い立場の人が相手の利益のために干渉すること。
- ブーメラン効果…相手への行為の結果が負の効果になること。
- 返報性の原理…好意や施しに対し、お返しをしたいと思う心理。

現状を保つための拒否反応

センメルヴェイス反射

「現状がいちばん」と考え、現状と異なることは事実であっても拒絶する傾向。

現在の通説や常識に固執し、それから外れたことは、たとえ事実であっても、反射的に拒絶する傾向のこと。

この名称は、19世紀のハンガリーの医師であるセンメルヴェイス・イグナーツに由来する。彼が勤務する病院では、出産後の多くの女性が、産褥熱という病気で亡くなっていた。それが、分娩を担当する医師の手を介して感染する病気だと気づいたセンメルヴェイスが、医師たちに手洗いをさせたところ、産婦の死亡率が激減したとされる。しかし、当時の病院の上層部の人々は、手洗いの効果を認めなかったという逸話が残っている。

矛盾しているとわかっていても、自分の現在の地位や利益を手放したくない一心で、人は自分の信念を貫き通すことがある。センメルヴェイス反射は、この人間の性質により起こるとされる。また、新しく画期的な技術などが「うさんくさい」「まがいもの」と思われやすいのも、センメルヴェイス反射によるものと考えられている。

💬 使用例

「スマホは人間を堕落させるものだ！　絶対に認めん！」

「センメルヴェイス反射はもうやめようよ。時代は変わるんだ」

🔑 キーワード

- 真実性の錯覚…ある情報を何度も聞いて真実だと錯覚すること。
- 信念固執…矛盾する証拠があっても、信念を維持したがる傾向。
- 現状維持バイアス…変化を恐れ、現状を維持する傾向。

実力を必要以上に過小評価する

インポスター症候群

上手くいっていても「いつか失敗する」「大したことない」と思い込む。

　仕事などが順調で、成功しているにもかかわらず、自分の能力や実績を必要以上に過小評価してしまう心理状態のことである。

　何事においても、「きっと失敗するに違いない」などと思い込み、成功しても「運がよかっただけ」「まわりのサポートがあったから」と思ってしまう。そして、評価を受ければ受けるほど、「自分の実力のなさがバレてしまう」「いつかは失敗してしまう」といったネガティブな考え方をするようになり、「自分は大した人物ではないのに、詐欺師（インポスター）になって、みんなをだましているようだ」と感じるのである。

　インポスター症候群の人は、評価されると、よろこびよりもプレッシャーが勝りやすく、どんなに成功していても、一つの失敗体験のほうが強く残る傾向にある。加えて、男性よりも女性に多いといわれており、高いキャリアを築いている女性にとくに多く見られる。

💬 使用例

「私なんて年収が1億円だってだけで、大したことないんだから」

「インポスター症候群だろうけど、イヤミっぽく聞こえるよ」

🔑 キーワード

・ネガティビティバイアス…嫌なことが記憶に残りやすい傾向。
・HSP…生まれつき繊細な気質をもち、自己否定感が強い人。
・スポットライト効果…他者からの注目度を過大評価する傾向。

「みんなわかってない」という気持ち

ナイーブ・リアリズム

「自分は客観的である」という信念から、
他者を「客観的でない」と判断する傾向。

「自分は偏りなく、客観的に現実を見ている」という信念にもとづき、自分と認識の異なる人に対して、理解不足で、偏った考え方をしているように感じる傾向のこと。

多数決で決める際に、「これしかないだろう」と自分で選んだものではなく、ほかのものが選ばれたとき、「みんなわかってない」「本当の価値がわかるのは自分だけだ」などと思うのは、ナイーブ・リアリズムの現れといえる。また、「自分は客観的に見ている」と信じることから、「自分はあの人を好きなのだから、あの人も自分と結婚したいはず」などといった思い込みを生むこともある。

私たちの認識は、個人の経験や知識、先入観などによって生み出されることがわかっている。つまり、どんなに自分が客観的に認識していると思っていても、どうしても主観的になってしまうため、ナイーブ・リアリズムに陥るほど、客観性から遠ざかってしまうのである。

💬 使用例

「俺の推しがランキング1位じゃないなんて、わかってないなー」
「102位だったんでしょ？ なら、それはナイーブ・リアリズムだよ」

🔑 キーワード

・ナイーブシニシズム…他者は自己中心的だと思い込む傾向。
・フォールス・コンセンサス効果…自分は多数派で正常と思う傾向。
・貢献度の過大視…自分の貢献度を実際よりも過大評価すること。

近づきたいのに近づけない

ハリネズミ(ヤマアラシ)のジレンマ

「仲よくなりたい」と「傷つきたくない」が せめぎ合う心の状態。

◆

好意を寄せる相手に嫌われたり、相手を傷つけたりしてしまうことが怖くて、近づきたくても近づけないという、人間関係における葛藤を表す言葉である。

　全身にトゲのあるヤマアラシは、どんなに抱き合いたいと思っても、お互いのトゲで傷つけ合ってしまうため、近づくことができずに、距離をおいてしまう――。この、哲学者のアルトゥール・ショーペンハウアーによる寓話をもとにして、「ヤマアラシのジレンマ」と名づけられたが、テレビアニメ『新世紀エヴァンゲリオン』で、「Hedgehog's Dilemma」という造語が使われたのをきっかけに、「ハリネズミのジレンマ」という呼び名が広まったとされる。

　いわゆる「コミュ障」が、相手との距離感に悩むがゆえに、陥る心理状態ともいえる。また、「どうせ仲よくなれないから」と、先回りして相手を近づけさせないような態度をとるのも、「ヤマアラシのジレンマ」から生じたもので「ヤマアラシ症候群」と呼ばれる。

💬 使用例

「あの子を傷つけたくないから、近寄らずDMを送ってるんだ」

「ハリネズミのジレンマをこじらせると大変だな……」

🔑 キーワード

- ザイオンス効果…接触回数の増加で好印象になる効果。
- 不作為バイアス…失敗するよりは何もしないほうを選ぶ考え方。
- 透明性の錯覚…感情や思考が見透かされていると思い込む傾向。

不安に対する無意識の防御

防衛機制

不快感や不安に対する自己防衛手段のうち、無意識で行うもののこと。

◆

嫌な気持ちや不安な状況になったとき、自分を守ろうとして無意識に行う防衛手段のこと。たとえば、テスト勉強から逃げたいと考えていたら、気づかないうちに漫画を読んでしまったり、嫌われるのが怖いために、好きな子に「お前なんか好きじゃない」とうっかり言ってしまったりといった行為のことである。

もともとは、心理学者のフロイトによって考えられたものであるが、娘であるアンナ・フロイトが「防衛機制」という名称のもとに、防衛手段の種類を整理したとされる。

その種類には、先述したテスト勉強の例のような「逃避」（現実に背を向ける）や、好きな子に「嫌い」と言う「反動形成」（本心と反対のことをする）のほかにも、不快な記憶を封じ込める「抑圧」、子どものころの自我に戻る「退行」などがある。

人が不可解な行動をとるときには、これらの防衛機制として行われている可能性がある。

💬 使用例

「嫌なことがあっても、気づいたらぜんぶ忘れてるんだよね」
「防衛機制の『抑圧』で、自分を守ろうとしてるんだろうな」

🔑 キーワード

・レジリエンス…困難な状況に対して、上手く適応する回復力のこと。
・昇華…防衛機制の一つ。認められやすい形で不満を実現すること。
・補償…防衛機制の一つ。劣等感を別の活動で解消すること。

良心を欠いた反社会的人格

サイコパス

「自己中心的」「良心の欠如」「口が達者」などの特徴をもった、反社会的人格のこと。

一般的な人と比べ、著しく偏った考え方・行動に走る、反社会的な人格の人物を表す言葉で、日本語では「精神病質者」と呼ばれる。法律においては、サイコパスは「反社会性パーソナリティ障害」という精神疾患をもつ人物であるとされている。

サイコパスには、「非常に自己中心的」「他者への愛情や思いやりの欠如」「道徳や倫理を無視する」などの傾向がある。一方で、口が達者で外面がいいことが多く、平気で嘘をつくタイプでもあるため、相手を上手く誘導して、思うままに操ることもある。

漫画やドラマなどのフィクションでは、サイコパスを犯罪者として描くことが多い。しかし実際には、犯罪に走る者は少なく、反社会的衝動を制御できるサイコパスには、企業のCEOや医師、弁護士といった、社会的地位の高い職業に就いている人もいる。

なお、アメリカでは人口の約4%がサイコパスであるとされているが、日本を含むアジアでは、1%ほどではないかとされている。

💬 使用例

「俺は思いやりや倫理観はないけど、法律をきっちり守るからね」
「あと一歩でサイコパスに間違われるところだったな」

🔑 キーワード

- エンパス…相手の感情を自分のことのように感じられる人。
- ゲミュートローゼ…良心が欠け、教育では改善できない人格。
- ソシオパス…後天的要因の精神障害で反社会的な行動をとる人。

最近、「ビッグ・ファイブ」や「ＭＢＴＩ（16タイプ診断）」とか個人ごとの性格を診断するテストが流行っているけど、あれは心理学的には「パーソナリティ検査」と呼ばれるものなの。

心理学の調査法には、おもに５つのやり方があるわ。

抽象的な模様などを見て、どんなものを連想するか答えてもらう「投影法」、カウンセラーが面接して受け答えの様子から診断する「面接法」、計算や図を描かせてその結果から性格を分析する「作業検査法」、おもに幼児の行動を観察してパーソナリティを見る「観察法」、そしてたくさんの質問が書かれたものに回答してもらう「質問紙法」。

ここで質問よ。あなたは、人間の性格、パーソナリティを変えることはできると思う？

人によっては、「人間のパーソナリティは一貫性があり、時間や状況が変わろうと変化しない」と言うわ。

一方で、心理学者のウォルター・ミッシェルは「パーソナリティは状況に応じて変わる。一貫したパーソナリティは存在しない」と主張しているの。

心理学の世界では、この議論のことを「一貫性論争」と呼んでいるわ。

ちなみに、車の運転をするときや特定の状況で性格が変わったように見えることを「モードパーソナリティ」っていうのよ。あとは、大きな出来事をきっかけに人が変わってしまうことを「『爪痕』によるパーソナリティの変化」とも呼ぶわ。

これだけ見ると、パーソナリティは変化しそうだけど、「あくまで表層が変わっているだけで根本は変わらない」と主張もされていて、まだまだ議論は決着していないわ。

人間の特性を5つの軸から読み解く
ビッグ・ファイブ理論

　　下の図は、アメリカの心理学者、ルイス・ゴールドバーグによる「ビッグファイブ理論」の図にゃ〜。1960年代以降、統計やコンピューターによるパーソナリティ解析がさかんになったにゃん。そこから得られた複数の結果から、人間のパーソナリティは下記の5種類にある程度集約できるといわれているにゃ。学者によって、表現の仕方に差異はあれど、これは言語や文化圏に違いはなく、人間全体に当てはまるらしいにゃ！

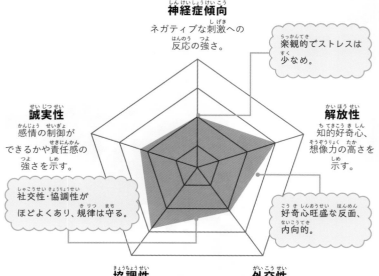

神経症傾向
ネガティブな刺激への
反応の強さ。

楽観的でストレスは
少なめ。

誠実性
感情の制御が
できるかや責任感の
強さを示す。

解放性
知的好奇心、
想像力の高さを
示す。

社交性・協調性が
ほどよくあり、規律は守る。

好奇心旺盛な反面、
内向的。

協調性
他者への共感力、
思いやりの高さを示す。

外交性
積極性、社交性の
高さを示す。

分析すると…この人間はのんきなタイプで、
本音を隠しがちにゃ！！

自分の感情がわからない

アレキシサイミア

自分の感情を認識・表現できず、ストレス状態でも限界までがんばってしまう。

自分の感情を認識したり、言葉などで表現したりすることができない状態のこと。「失感情症」とも呼ばれ、神経性胃炎やアトピー性皮膚炎などの心身症（心理的な原因で発症する身体の疾患）の研究の中で、見つけられた状態である。

人間の感情は、身体の反応によって生まれると考えられている。たとえば、嫌なことがあると、脳の指令によって胃がキリキリするといった身体の変化が起こり、その反応に合った怒りや悲しみなどの感情が起こるとされている。

アレキシサイミアの状態にある人には、こういった身体の反応は起こるものの、そこから感情を生み出すことや、生み出した感情の認識・表現ができない。そのため、身体の反応だけが蓄積し、なんらかの心身症を引き起こすとされている。また、自分がストレス状態にあることにも気づけないため、まわりに助けを求めることができず、一人で限界までがんばってしまう傾向にある。

💬 使用例

「どんなに仕事をしても、つらいと思わなくなったんだよ！」

「それ、アレキシサイミアかもしれないよ」

〜〜〜〜〜〜〜〜〜〜〜〜〜〜〜〜〜〜〜〜〜〜

🗝 キーワード

・感情失禁…感情の起伏が必要以上に激しく、抑制できない状態。
・アパシー…感情が動かされる状況でも、興味関心がわからない状態。
・過剰適応…まわりの環境に考えや行動を合わせすぎる状態。

身体反応から感情が生まれる

ジェームズ゠ランゲ説

感情は、外界の刺激によって身体の変化が起こったあとで、脳が反応して表れるという説。

心理学の世界でも、「卵が先か、ニワトリが先か」に似た議論がある。それは、「人間は悲しいから泣くのか、泣くから悲しいのか」ということである。この議論において、「泣くから悲しい」としたのが、ジェームズ＝ランゲ説である。

これは、外界からの刺激によって、身体に「泣く」「笑う」「心臓がドキドキする」といった変化が起こり、それを脳が受けとることで、「悲しい」「楽しい」「びっくりした」といった感情を引き起こすと考えたものである。

この説に従えば、意図的に表情を変えることで、その表情にふさわしい感情が生まれることになり、「笑えば幸せになる」という意味の「笑う門には福来る」が、正しいといえそうである。これは「顔面フィードバック仮説」と呼ばれるもので、実際によろこびや怒りといった感情を意図的に表情へと出すことで、その感情に合った身体的変化が生じるという実験結果もある。

💬 使用例

「恋人と別れたんだって？　元気出してね」

「うん。ジェームズ＝ランゲ説に従って、まず笑うようにしてるの」

🔑 キーワード

・キャノン＝バード説…感情の後に身体反応が生じるという説。
・情動の二要因説…身体反応の原因を認識して感情がわくという説。
・身体化認知…身体的活動が、知覚などと関係しているという考え。

姿の「なりきり」が心の「なりきり」に

プロテウス効果（変身効果）

アバターの外見が、本人の行動や考え方、
さらには感覚にまで影響を及ぼす効果。

オンラインゲームをはじめとした、仮想空間におけるアバターの見た目が、自分の行動や考え方にも影響を与えるとされる心理効果のことである。姿を自由に変えられる、ギリシア神話の海神・プロテウスにちなんで名づけられた。

たとえば、見た目のよい「モテキャラ」のアバターを用いると、現実世界よりも積極的にコミュニケーションをとるようになるとされている。また、ドラゴンのアバターを使うと、人間のアバターを使うよりも、高所での怖さや、そこから落下することへの不安が抑えられるという研究結果もあり、行動や考え方だけでなく、感覚も変化すると考えられている。

現実世界でも、高級な服を着ると自信をもてるようになったり、リーダーになったとたんに偉そうな態度をとったりする人がいるが、これらは「高級な服」「リーダー」というアバターによるプロテウス効果といえるだろう。

💬 使用例

「格闘家アバターを使ったら、自分って最強だと思い始めたんだ」

「それ、プロテウス効果じゃなく、ただの妄想じゃね？」

🔑 キーワード

・イマジネーション膨張…イメージと実際の知覚を区別できない現象。
・権力の墜落…権力をもつと権威主義者に傾き権力を行使すること。
・スティグマ…ある特徴が社会から否定的な意味づけをされること。

根拠がないからこそ自信がある

ダニング＝クルーガー効果

能力の低い人に限って、自分を過大評価しやすい傾向にあること。

◆

能力の低い人は、これまでの経験や先入観、直感などの作用によって、自分を過大評価してしまいやすい傾向のこと。心理学者のディヴィッド・ダニングとジャスティン・クルーガーが行った実験で認められた傾向であるため、この名がついた。

その実験では、大学生にテストを行い、その結果を予想してもらったところ、実際の成績が高かった者ほど成績を低く予想し、実際の成績が低かった者ほど成績を高く予想するという結果になった。

本来、自身の能力を正しく認識するには、自分自身で客観的に評価したり、他者からの評価を受け入れたりする必要がある。しかし、ダニング＝クルーガー効果に陥っている人は、自分の主観だけで自分を認識しているため、自己の過大評価につながっていると考えられる。

なお、この実験をまとめた論文は、2000年のイグ・ノーベル賞を受賞している。

📃 使用例

「俺なら初期装備でドラゴンぶっとばせるっしょ！」

「ダニング＝クルーガー効果すぎる。命は大事にしろ」

🔑 キーワード

・馬鹿の山…少しの知識・経験を得て、自信が漲っている期間。

・絶望の谷…知識・経験が増え、自分の無力さを感じる期間。

・ナルシシズム…自分自身を過大評価し、愛の対象とすること。

私はきっと平均以上

レイク・ウォビゴン効果

「自分の能力はほかの人より上」と考えることで、
「自分の能力は平均以上」と考えることも指す。

多くの人が「自分の能力はほかの人よりも優れている」と考える傾向のことで、「自分の能力は平均より上だ」と考える傾向のことも指すようになった。「平均以上効果」とも呼ばれる。

スウェーデンのストックホルム大学で行われた実験では、大学生に自分の車の運転技術を評価してもらったところ、アメリカの学生の93％、スウェーデンの学生の69％が、「自分の運転技術は平均以上である」と回答したとされる。

本来、「平均」とは、すべての値の中央値であるため、多くの人が「自分は平均より上」と考えるのは誤りといえるが、実際には自分を平均以上と考える人が多いのである。

ちなみに、この効果の名称は、アメリカの作家であるギャリソン・ケイラーが、架空の村である「レイク・ウォビゴン」に住む人のことを、「すべての女性がたくましく、すべての男性がハンサムで、すべての子どもたちは平均以上」と話したことが由来である。

💬 使用例

「私は顔もスタイルも性格も平均以上だからねー」
「私もそう思ってるってことは、レイク・ウォビゴン効果でしょ？」

🔑 キーワード

・ポジティブ・イリュージョン…都合よく解釈したイメージのこと。
・ポリアンナ症候群…微細なよい面だけを見て自己満足する傾向。
・自己奉仕バイアス…成功は自分、失敗は外的要因と考える傾向。

「すべて思いどおり」という錯覚

コントロール幻想

自分では制御できないことを、コントロールできると考えてしまうこと。

明らかに自分の力では制御できないことに対し、自分がコントロールできるかのように思い込むことを指す言葉。

コントロール幻想が現れやすい事例は、宝くじである。宝くじは、何かの出来事で当選確率が変わることはないが、「この店で買ったら当たる」など、自分の選択や行動によって当選確率が上がるような、コントロール幻想を抱きやすいことが知られている。

これは、人間は自らが選択したものは、選択していないものよりも、価値を高く見積もりやすいためと考えられている。そして、自分が直接かかわったことについても、自分に都合のよい結果が生まれると思い込みやすくなるのである。

そのため、「番号が割り振られた宝くじよりも、自分で数字を選べるロト6のほうが当たりやすい」と思い込んだりする。また、コンクールなどで、「自分の作品がいちばんすごい」と思いやすいのも、コントロール幻想といえる。

🗨 使用例

「神社に100日連続でお参りしたから、この宝くじは絶対当たる！」
「100日の間にコントロール幻想が強まったんじゃない？」

🔑 キーワード

- 後知恵バイアス…事後にその結果を予見できたと考える傾向。
- 内観幻想…自分の感覚を信じ、他人の内観を信頼しない傾向。
- 選択盲…選択の理由はあいまいで、後付けが多くなる人間の性質。

期待すればするほどのびる

ピグマリオン効果

目上の人から期待されることで、実際の能力や成績も向上すること。

◆

期待されると、意識するしないにかかわらず、期待に合った結果が出やすい現象のこと。この名称の由来は、ギリシア神話に出てくるキプロスの王・ピグマリオンである。彼が自ら彫った乙女像を愛し、「生身の人間にしたい」と願い続けた結果、乙女像が本物の人間になったという神話がもとになっている。

ピグマリオン効果は、アメリカの教育心理学者であるロバート・ローゼンタールが、いくつかの実験結果をもとに提唱したものである。「教師期待効果」、「ローゼンタール効果」とも呼ばれる。

その実験のうちの一つでは、無作為に選んだ子どもたちを、「将来成績がのびる子どもである」と教師に偽って伝えたうえで指導させたところ、子どもたちの成績が平均以上になったとされる。これは、教師が子どもたちに期待をしたために、扱いがていねいになり、子どもたちも教師からの扱いを意識し、やる気を得て成績をのばしたからだと考えられている。

💬 使用例

「龍の像に命が宿るなんて！」

「ピグマリオン効果だ。おぬしの願いに応えたまでよ」

🔑 キーワード

- ゴーレム効果…期待の低さがやる気や成績に悪影響を及ぼすこと。
- 期待理論…報酬の魅力がやる気の強さを決めるとする考え方。
- 実験者効果…実験者の期待が実験に影響を与えてしまうこと。

注目されるとはりきっちゃう

ホーソン効果

「注目された人は、よい結果を出しやすい」という、
ホーソン実験で明らかになった傾向。

人は注目されると、相手の期待に応えたいという心理が生まれ、よい結果を出しやすくなるという傾向のこと。1924～1932年に、アメリカのホーソン工場で行われた実験（ホーソン実験）によって認められた。この実験によると、労働者の作業効率を上げるには、労働環境の改善などよりも、上司が労働者に対する注目度を上げることのほうが、効果が高かったのである。

スポーツなどでも、観客が多いと「自分は注目されている」と思えるため、パフォーマンスが向上しやすくなるとされている。また、勉強や仕事でも、だれかが見守っているとサボることができず、結果として勉強や仕事が進み、よい結果を残せるものである。

ホーソン効果はピグマリオン効果（84～85ページ）と似ているが、よい結果を出すきっかけが異なっている。ホーソン効果は「他者から注目されること」がきっかけで、ピグマリオン効果のきっかけは「他者から期待されること」である。

🈁 使用例

「明日の試合、上手くいくか心配だな……」
「ホーソン効果を狙って、俺が応援に行こうか？」

🔑 キーワード

・ゴーレム効果…期待の低さがやる気や成績に悪影響を及ぼすこと。
・クレスピ効果…報酬の増減で意欲が変化すること。
・プラセボ効果…有効成分のない偽薬で症状が改善する現象。

あの子は私たちと違う

黒い羊効果

集団内の好ましくないメンバーを排除しようとする心理。

◆

　集団内で好感度が高いメンバーはひいき目に見られる一方、好ましくないメンバーは集団外の人よりも低く評価され、排除される傾向にある現象のこと。米津玄師（『Black Sheep』）や欅坂46（『黒い羊』）の楽曲でも、テーマとして扱われている。

　言葉の由来は、白い羊の中にいた一匹の黒い羊が、ほかの羊に受け入れてもらえずに排除されるという、聖書の故事である。そこから、「黒い羊（black sheep）」は、英語の慣用表現で「厄介者」という意味を表すようにもなった。

　人には、自分が所属する集団こそが優れていると思いたがる傾向があり、そんな「優秀な集団」にいる自分も優秀なのだと過信しやすくなる。その意識を維持しようと、ほかの集団よりも自分たちの集団が優れている点を探そうとする。その結果、自分のいる集団や自分の価値を落としかねない異質な人間を、排除しようとすると考えられている。

💬 使用例

「新しい髪型にしたら、クラスで無視されるようになって……」
「それは黒い羊効果だね。その髪、攻めすぎだもん？」

🔑 キーワード

- 外集団同質性バイアス…他集団は同質の人が多いと思う傾向。
- 内集団バイアス…他集団と比べ自集団が優秀だと思う傾向。
- 同調圧力…集団内の多数意見へと暗黙のうちに誘導すること。

経済
心理学

楽しみやよろこびには限界がある

限界効用逓減の法則

商品・サービスを消費していくほど、
満足度がジワジワと下がっていくこと。

「限界効用」とは、財（お金や商品、サービスなど）を1単位（回数や個数など）消費していくごとに、追加で得られる効用（満足度）のことである。そんな効用が、消費量に応じてじわじわと減っていくことを、「限界効用逓減の法則」という。

具体的には、何事も1回目の満足度がもっとも高く、2回目、3回目……と回を追うごとに、満足度が下がっていく現象のことである。食べ物を食べたときに、最初の一口はとてもおいしく感じられるものの、食べ進めるごとにおいしさの度合いが減っていくのは、限界効用逓減の法則によるものといえる。

このしくみを活かしてビジネスにしているのが、「食べ放題」「飲み放題」などのサービスである。どんなに好きな飲み物・食べ物であっても、飲食し続ければ満足度が下がる——つまり、飽きるようになる。その「飽きる」ラインを限界効用逓減の法則によって計算することで、採算がとれるサービスを提供できるのである。

💬 使用例

「食べ始めの一口のおいしさがずっと続くといいんだけど」
「そうだな。限界効用逓減の法則がなければなぁ……」

🔑 キーワード
・効用最大化…限られた予算で効用（満足度）を最大化すること。
・収穫逓減の法則…収穫量はある量を境にしだいに減少する法則。
・脱感作…ある刺激を繰り返し受けると反応が弱まること。

「お金のため」は続かない

アンダーマイニング効果

「好きだから」でやっていたことも、報酬が目的になると、やる気がなくなる。

自ら「やりたい」と望んでとり組んでいたことに、報酬などを与えることで、かえってやる気が失われていく効果のこと。

たとえば、趣味で動画を作っていた人が、動画制作で報酬を得るようになると、報酬のない状態では動画を作らなくなってしまうことがある。これは、本来は「動画を作りたい」という、自分の内面から起こったモチベーション（内発的動機づけ）による行為だったものが、報酬などの外側から与えられるものをモチベーション（外発的動機づけ）にした行為に変わってしまい、「だれかに頼まれてやったほうが、メリットが大きい」と考えるようになり、自発的に行動を起こさなくなるためである。

ちなみに、内発的動機づけによる行為は、モチベーションを維持しやすいものの、結果を出すまでに時間がかかる。一方で外発的動機づけによる行為は、報酬や評価を得ようと早めに結果を出せるが、モチベーションの維持は難しいとされている。

💬 使用例

「スパチャをもらえばもらうほど、配信のモチベが上がるぜ！」
「お前はアンダーマイニング効果が効かないタイプなんだな」

🔑 キーワード

・エンハンシング効果…外発的動機で内発的動機が強まること。
・内発的動機づけ…欲求を満たすため、自発的に行動する状態。
・外発的動機づけ…報酬や評価などにもとづいて行動する状態。

いつも〆切ギリギリに
しめきり

パーキンソンの法則
ほうそく

人は必要以上の時間や金銭を与えられると、無駄遣いしてしまうこと。

イギリスの政治学者であるシリル・ノースコート・パーキンソンが、著作の中で提唱した法則のこと。当時のイギリスの官僚制度の分析から生み出されたものである。

第一法則は「仕事の量は、完成のために与えられた時間をすべて満たすまで膨張する」である。これは、たとえ仕事量がどれだけ少なくても、作業のために与えられた時間は、すべて使い切ってしまうことを指している。具体的には、本来は30分でできる仕事であるにもかかわらず、「1時間でやってくれ」と言われると、1時間かかってしまうことが多い、ということである。

第二法則の「支出の額は、収入の額に達するまで膨張する」は、収入が増えたとしても、出ていくお金も増えてしまい、結局は収入すべてを使い果たすようになることを指している。これは、収入が増えることで生活のレベルが上がったり、交流が増えて交際費がかさんでしまったりすることが原因とされている。

💬 使用例

「1年でカナヅチを克服するつもりだったのに、あと2日しかない」
「パーキンソンの法則の第一法則、発動しすぎだろ」

🔑 キーワード

・計画錯誤…作業時間などを楽観的に見積もって計画する傾向。
・楽観バイアス…能力などを楽観視して、危険を軽視する傾向。
・ハウスマネー効果…予期せずに得たお金を粗末に扱う傾向。

ドラマの刑事なんかが事件を解決するために、犯人の性格を分析して追い詰めているアレ、あこがれるわよね。

いわゆる「プロファイリング」ってやつ。

あれは捜査経験のある警察官が行動科学を学ぶか、警察官と行動科学の専門家がタッグを組んで行われるそうよ。アメリカでは「FBI方式」、「リバプール方式」が捜査方法としてとり入れられているわ。

たとえば、「FBI方式」では、連続殺人犯は「秩序型」「無秩序型」の2つに分かれると考えられている。

「秩序型」は計画的な犯行、被害者と会話を行う、証拠を消す……など、思惑や計算を感じる行動が多い。「無秩序型」は成り行き的な犯行、証拠を残したままにする……など、予想のつかない行動が多いとされているわ。もっとも、混合型と呼ばれる人物もいるけどね。

日本の警察は1994年ごろから「リバプール方式」を捜査にとり入れているわ。

リバプール方式は、犯人がとった行動をマッピングして、相関関係を見出し、その特性から犯人を絞り込むものよ。

一方、犯人を捕まえるだけでなく、再犯を防ぐためにも、彼らが犯罪に手を染めた要因を分析することにも力を注いでいるわ。犯罪の要因には、生い立ちや貧困だけでなく「認知の歪み」が関係しているかもしれない――ということもわかってきているの。

犯罪者のパーソナリティ、認知を分析し、改善策を練るにも心理学は大事な役割を占めるようになっているのね。

さて、ここでは人心を読み解くヒントを教えてあげるわ。

日常で使える心理学！
人の感情を見抜く方法

◆

　ここでは、ふとしたしぐさから「感情を見抜く方法」を紹介するにゃ！
これは統計から導き出されたものにすぎないので、相手の気持ちと一致
しないこともももちろんあるにゃ～。
　相手の人となりをよく知ったうえで使ってほしいにゃん。

> 嘘を見抜くだけでなく、相手の気持ちを
> 読み解くものとしても使いたいにゃん

目線
- 右上：空想中、嘘をついている？
- 左上：過去を思い出している
- 下向き：罪悪感、自信喪失
- まばたき：緊張や恐怖を感じている

口元
- 大きく開く：安心、信頼
- 下を向いて閉口：不安、心配
- 下唇を舐める：緊張をやわらげたい
- 唇を噛む：感情を抑え込んでいる
- 口を隠す：言葉を選んでいる

手
- 鼻をさわる：嘘をついている
- 耳をさわる：不満をもっている
- 腕を組む：守りに入っている
- 自分の手を握る：感情を抑えている

姿勢
- 前のめり／お腹を向ける：興味がある
- 足を開く：楽しい、気が大きくなっている
- 足を組む：リラックスしたい

他人の不幸は蜜の味

シャーデンフロイデ

他者の不幸を知ることで、
よろこんだり「ざまぁ」と思ったりする感情。

ドイツ語で「害のあるよろこび」という意味で、他者の不幸や失敗を知ったときに生じる、よろこびなどの心地よい感情のこと。いわゆる「ざまぁみろ」という感覚である。

シャーデンフロイデは、あまりよい感情ではないように思えるが、じつはどんな人間でも抱きやすい感情であり、近年の研究では、ストレス緩和の効果もあるとされている。一方で、この感情の裏には、不公平感や妬み、特定の相手に対する復讐心などがあるとされている。

また、シャーデンフロイデが起こるには、「対象となる人に嫉妬心を抱いている」「その人に起こる不幸にまっとうな理由がある」といった、いくつかの条件がある。有名人の不倫報道がよく話題になるのは、これらの条件に当てはまりやすく、多くの人にとって「対象の人物の裏の顔を暴いてやった」というスッキリ感があるからではないかとも考えられている。

💬 使用例

「元カレが彼女と別れて、うれしさを感じちゃう自分がイヤ……」

「シャーデンフロイデは、だれにでも起こることだからね」

🔑 キーワード

・ルサンチマン…恵まれた者への嫉妬や恨みが内心で広がる状態。
・マウンティング…相手よりも自分のほうが優位だと示す行為。
・懲罰感情…間違いを犯した者に対し、罰を与えたいと思う感情。

「一番乗り」が基準になる

アンカリング効果

最初に提示された情報によって、
その後の決定が左右されてしまう状態。

「ア ンカリング」とは、船の錨（アンカー）に由来する言葉。アンカーが下ろされた場所に固定されるように、船は動かなくなる。これにたとえて、何かを検討するとき、真っ先に提示された情報がアンカーとなり、その後の決定・判断を左右することを表す。

たとえばネットオークションでは、最初についた値段（初値）が安いと最終的な落札価格も安くなり、反対に高いと落札価格も高くなる傾向にある。これは、アンカーとなった初値に、それ以降の提示金額がつられてしまうためである。

また、待ち合わせに遅れそうなときに、「1時間遅れます」と伝えておきながら30分遅れで着けば、遅刻したにもかかわらず、「早く来たな」と思ってもらえることがあるが、これもアンカリング効果の一つ。「1時間」というアンカーが判断基準となり、遅刻した事実よりも、「30分も早く来た」ということに意識が向くのである。

💬 使用例

「よーし、子猫ちゃん、ウチにおいで」
「コワそうなお兄さんなのに…これが、アンカリング効果ね！」

🔑 キーワード

- 親近効果…最後に提示された情報が印象に残りやすい効果。
- 初頭効果…最初に示された情報が印象に残りやすい効果。
- 焦点効果…目の前の情報に引きずられ、ほかを見ない傾向。

正しいけれど両立はできない
二律背反

単独では成立可能な2つの主張・結果が、
同時に成立するのは難しい状態のこと。

哲 学用語で、「Aが正しければBは誤り」「Bが正しければAは誤り」という関係にありながらも、AとBのどちらも論理的で説得力があるという、主張のペアのことを指す。「人生は長い」と「人生は短い」という2つの主張は、その一例である。

一方で、一般的には、「2つの主張・結果が、それぞれ論理的には正しく、成立し得るものの、同時には存在できない状態」という意味で、二律背反を用いることが多い。

たとえば会社で、「コストを削減する」と、「商品の品質を上げる」という2つの目標を掲げた場合、それぞれ単独では内容に問題はない。しかし、この2つを同時に成り立たせることは、ほぼ不可能である。これが二律背反の状態といえる。

また、好きな相手に意地悪をしたり、そっけない態度をとったりすることや、「痩せたいけど食べたい」といった気持ちも、広い意味での二律背反である。

💬 使用例

「付き合うならイケメンで、モテないタイプの人がいいな」
「絶対成立しない二律背反だね」

🔑 キーワード

・トレードオフ…何かを得ると何かを失うような両立できない状態。
・アンビバレンス…好きと嫌いなど相反する感情を同時に抱くこと。
・コンコルド効果…今までの投資を惜しみ、事業をやめない状態。

同時に受けた2つの指示が矛盾しているために、混乱してストレスがかかる状態。

矛盾した意味をもつ2つの指示を受けることで、混乱したり強いストレスが与えられたりする状態のこと。

たとえば、「怒らないから、何をしたか正直に言いなさい」と言われて、正直に伝えたところ、「どうしてそんなことをしたの！」と怒られてしまう、といったことを指す。

こういったダブルバインドが発生するコミュニケーションを長く続けると、大きなストレスがかかるとされている。

なおダブルバインドには、矛盾する2つの指示のどちらに従っても悪い状態に陥る「否定的ダブルバインド」と、どちらを選んでもプラスの状態になる「肯定的ダブルバインド」があり、先述した「怒らないから正直に言いなさい」は前者にあたる。後者の例は、「デートでは、水族館と遊園地、どっちに行きたい？」などの問いかけで、相手に2択で選ばせながら、こちらの望むこと（この場合はデートに行くこと）に相手をひそかに誘導する効果がある。

💬 使用例

「俺に殴られたくないって？　だったら張り倒してやる！」

「そういう卑怯なダブルバインドはやめたほうがいいよ」

🔑 キーワード

- ジレンマ…2択のうち、どちらを選んでも不利益が生じる状態。
- ダブルスタンダード…都合よく価値判断の基準を使い分けること。
- モラルハラスメント…道徳的な尊重を欠いた嫌がらせのこと。

好きな気持ちは「肩」に出る

ブックエンド効果

好きな人が近くにいると、肩が傾くなど、姿勢や視線に変化が起こる現象。

好意を抱いている人が近くにいると、姿勢や視線に変化が起こることを指す言葉。アメリカの心理学者であるアルバート・メラビアンの実験で、男性が好きな人を想像すると、肩を傾けるという結果が出たことで提唱されるようになったものである。これは、好意を抱いている人に肩にもたれかかってほしいというシグナルではないかと考え、本がもたれかかる本立て（ブックエンド）にたとえて、ブックエンド効果という名がついたとされる。

なお、男性に嫌いな人を想像してもらったところ、肩が傾くことはなかったという。また女性の場合、好きな人を想像したときには肩が傾かず、嫌いな人を想像したときには肩が傾くという、まったく反対の結果が出たとされる。これは、女性は「好きな人の前では、きちんとしていたい」という意識が働くため、肩を傾けず、背筋をのばすのではないかと考えられている。

💬 使用例

「私の前で彼の肩が傾いていたのは、ブックエンド効果かな？」
「肩がこってただけかもよ」

🔑 キーワード

・非言語コミュニケーション…表情など言語以外で意思疎通すること。
・パーソナルスペース…他者に侵入されると、不快に感じる範囲。
・視線のカスケード現象…好きなものへ視線の割合が偏る現象。

みんなでやれば手抜きがバレない

リンゲルマン効果

10月1日

文化祭までいよいよ2週間です！
みんなで力を合わせて、
最高のおばけ屋敷を作りましょう！
よろしくお願いします！

わたし、絵とか得意だから、
看板とか作るよ〜

俺は部活が忙しくて、
準備にほぼ参加できないから、
当日おばけ役やるわ！

集団作業で、作業者の人数が増えれば増えるほど、一人あたりの生産性が低下する現象。

集団での作業において、作業者の人数が増えるほど、一人あたりの生産性や作業への貢献度が低くなっていく現象のことで、「社会的手抜き」とも呼ばれる。

フランスの農学者であるマクシミリアン・リンゲルマンの実験で、複数人で作業をした場合の労力を数値化したところ、個人それぞれが一人で作業をした場合の労力の合計よりも、労力が少なかった。つまり、集団の人数が増えると、作業が非効率化してしまうのである。この現象は、「だれかがやってくれるだろう」といった当事者意識の低下が発生することや、「自分一人だけがんばって、まわりから浮くのはイヤだな」と感じてしまうことなどが原因とされている。

またリンゲルマン効果は、先述したような肉体作業（肉体的パフォーマンス）だけでなく、思考や発言などの作業（認知的パフォーマンス）でも発生する。たとえば、大勢が参加する会議では、一人一人の発言が減ってしまうのも、リンゲルマン効果である。

💬 使用例

「昨日の残業、5人でやったのにものすごい時間がかかってさぁ」
「リンゲルマン効果で作業効率が悪くなってたんじゃない？」

🔑 キーワード

・ピア効果…集団内で生産性や能力に影響を与え合うこと。
・フリーライダー…義務を果たさずに、利益だけを得る人のこと。
・ダンバー数…人間が安定した関係を維持できる人数の上限。

未達成なものへの固執・執着

ツァイガルニク効果

「できなかった」「終わらせられなかった」事柄をより強く記憶してしまう心理現象。

完全に達成した事柄よりも、達成できなかったり中断されたりした物事のほうを、思い出しやすい現象のこと。

たとえば、仕事や勉強などを中断して、ほかのことをしようとしても、「でも、仕事があるし……」「やっぱり勉強したほうがいいかな？」などと、仕事や勉強を思い出してモヤモヤしてしまうのは、ツァイガルニク効果の一例である。

この現象が生じるのは、未完結のまま中断されると、完結させようと緊張状態になり、記憶の維持がしやすくなるためと考えられている。反対に、達成したことについては、記憶の維持が難しくなり、忘れやすくなる。テスト勉強で必死に覚えた英単語を、テスト後にすっかり忘れてしまうのは、このせいである。

ちなみに、成就した恋よりも、実らなかった恋のほうが記憶に残るのも、ツァイガルニク効果の一つであり、悲恋ほど心に残りやすいことの理由であろう。

💬 使用例

「途中まで見たアニメの続きが気になって、授業中も眠れなかった」

「いつも寝てるのに？　ツァイガルニク効果、ハンパねぇな」

🔑 キーワード

・皮肉なリバウンド効果…忘れようとするほど思い出す現象。
・目標勾配…目標達成が近づくほど、やる気や効率が上がること。
・レミニセンス・バンプ…10〜30歳のことをよく思い出す現象。

時間は年々速くすぎるようになる

ジャネーの法則

心理的に感じる時間は、若いほど長く、歳をとるほど短く思える現象。

心理的に感じる時間の長さは年齢に反比例し、年少者にとっては長く、年長者にとっては短く感じられるという説。フランスの心理学者であるピエール・ジャネが、叔父の哲学者ポール・ジャネの説として紹介した。

たとえば、6歳の子どもにとっての1年は人生の6分の1であるが、60歳の人にとっては、1年は60分の1である。このように、年齢を重ねるほどに1年の重みが減るため、心理的に感じる年月の長さも歳をとるほど短くなる、つまり時間が速くすぎるように感じられる、ということである。

また、心理的な長さにおける「人生の半分」は、90歳まで生きるとした場合、1歳から計算すると10歳前後、ある程度記憶の残っている3歳前後から計算すると、20歳前後とされている。

なお現時点では、ジャネーの法則には科学的根拠はなく、仮説の段階であるため、検証が必要とされている。

使用例

「ジャネーの法則のせいか、年々時間が速くすぎていくんだよ」
「お前、まだ10歳でそんなことを言うのか!?」

キーワード

・絶対時間…一直線に一定速度で流れていく普遍的な時間。
・生物時計…活動を周期的に変化させる生物体内のしくみ。
・時間知覚…計測器なしで時間の長さを主観的に把握すること。

認知
心理学

香りが記憶をよみがえらせる

プルースト効果

あるにおいを嗅ぐことで、過去の思い出や気持ちを思い出す現象のこと。

幼いころに食べた料理のにおいで実家を思い出したり、香水の香りから、かつての恋人を思い出したりするなど、ある特定のにおいが、それに関連した記憶や感情を思い出させる現象。

この現象は、人間の脳のしくみによって発生している。脳は、理性的な部分を司る「大脳新皮質」と、本能的な部分を司る「大脳辺縁系」に大きく分けられる。五感のうち、視覚・聴覚・触覚・味覚で得た情報は、大脳新皮質に届けられるが、嗅覚による情報だけは、大脳辺縁系に直接送られる。さらに、嗅覚を感じる部分（嗅覚野）は、記憶を司る「海馬」の近くにあるため、嗅覚の刺激が記憶を呼び起こしていると考えられている。

なお、この名称の由来は、フランスの作家であるマルセル・プルーストである。彼の著作『失われた時を求めて』の中で、主人公が紅茶にマドレーヌを浸したときに、その香りで少年時代のことを思い出す場面があるためである。

💬 使用例

「ドリアンのにおいをかぐと、元カレを思い出しちゃって……」
「プルースト効果だろうけど、どういう元カレなの!?」

🔑 キーワード

- 共感覚…知覚する際に、通常の感覚に加えて別の感覚が働くこと。
- 感覚モダリティ…感覚器で感知する、視覚・聴覚などの感覚。
- マスキング現象…ある刺激が特定の刺激を妨げる現象。

あり得ないほうがあり得そう

連言錯誤

一般的なことよりも、特殊なことが起こる確率を高く見積もってしまう傾向。

一般的なことよりも、一見すると現実的ではないことのほうが起こりやすいと考えてしまう傾向のこと。

たとえば、「すばらしい能力のある女性」がいるとしよう。その女性の職業として、A「起業家」と、B「起業家かつモデル」では、どちらの可能性が高いかを回答してもらうと、多くの人はBと答えるのである。しかし、BはAと「モデル」を兼ね備えた職業であるから、Aよりも出現する可能性は確実に低い。にもかかわらず、それでもBの可能性を高く見積もる人が多いのである。これは、「すばらしい能力のある女性」という先行情報に引きずられて、実際の可能性の確率よりも、「すばらしい能力の女性のもっともらしい姿」を優先して考えるために、誤った判断、つまり連言錯誤を引き起こすとされている。

このように連言錯誤は、「もっともらしい」「辻褄が合う」と思える文脈において、起こりやすいとされている。

💬 使用例

「美少女よりも、美少女で魔法使いの子のほうが現実的じゃね?」
「連言錯誤だとしても、かなり飛躍した考えだな」

🔑 キーワード

- 妥当性の錯覚…自分の判断や考えが妥当だと過剰に信じる傾向。
- リンダ問題…架空の女性リンダを用いた連言錯誤を証明する実験。
- マーフィーの法則…失敗の可能性があるだけで失敗すると思うこと。

つい同じ行動をしちゃう

ミラーリング

鏡に映るかのように、好意を抱いている相手のしぐさ・行動に同調してしまうこと。

親密な間柄の人や、好意を抱いている人のしぐさや行動に、無意識のうちに同調してしまうこと。鏡（ミラー）に映るがごとく、同じしぐさや行動をとってしまうため、この名がついた。

とくにコミュニケーションがスムーズに進んでいると、ミラーリングが起こりやすいとされている。発達においては、母親が自分の子どものしぐさや言葉をミラーリングすることで、感情を共有したり、子どもに注意を促したりする役割を果たしているとされる。

また、「相手が飲み物を飲んだら自分も飲む」「相手の声のトーンに自分も合わせる」などの意識的なミラーリングを行うことで、相手が自分に親近感や好意を抱きやすくなる現象を「ミラーリング効果」という。ビジネスの世界では、顧客や商談相手に好感をもってもらおうと、ミラーリング効果を狙ったスキルが存在する。しかし、わざとらしくミラーリングを行うと、相手に気づかれ、悪印象をもたれる可能性もあるため、注意が必要である。

💬 使用例

「ミラーリングしたら、あの子は俺のことを好きになるかな？」
「あの子、彼氏いるから無理じゃね？」

🔑 キーワード

・吊り橋効果…感情があいまいなときに状況から感情を決めること。
・ラポール…人と人が、心が通い合い、親密な信頼関係にあること。
・伝え返し…相手の会話内容を相手に伝え返して確認する会話術。

王子様がいきなりカエルに

蛙化現象

好きな相手や交際相手に対し、突然「気持ち悪い」と感じるようになること。

◆

王女が嫌がっていたカエルが、元の姿である王子様へと戻り、二人は結ばれた……という、グリム童話『カエルの王さま』に由来する言葉。好きな相手が、自分にも好意を抱いていると気づいたとたん、相手に嫌悪感を覚えたり、興味をもてなくなったりする現象のこと。2020年代に入ってからは、交際相手の嫌な一面を見たことで、相手への興味や好意が一瞬で消え去ってしまうことを指す言葉としても使われるようになった。

蛙化現象には2つの特徴がある。男性よりも女性のほうが感じやすいということと、相手への気持ちが冷めてしまうだけでなく、「気持ち悪い」とまで思ってしまうようにもなることである。さらに、蛙化現象が起こるきっかけが、「使う絵文字が気に食わない」といった些細なものであったり、「私服がダサかった」「寿司屋でガリばかり食べていた」など、多岐にわたったりするのも特徴的である。

💬 使用例

「彼と食事をしたら、お互いに気持ちが冷めちゃって……」

「それ、あなたと彼で、同時に蛙化現象が起こったってこと!?」

🔑 キーワード

・シンデレラ症候群…理想の相手が幸せにしてくれると信じること。
・リスロマンティック…相手から恋愛感情をもたれたくない性的指向。
・ビール・ゴーグル効果…飲酒時に異性が魅力的に見える現象。

一つの特徴に流される

ハロー効果

際立った一つの特徴によって、ほかの部分や全体の評価まで影響されてしまうこと。

目立った特徴があると、その人・ものにおけるほかの特徴や、全体に対する評価までもが左右されてしまう心理現象。

たとえば、学歴の高い人を、性格や能力の面でも「立派な人」と思ってしまったことはないだろうか。また、性能が同じでも、あまり知られていない企業が販売している製品より、有名企業が販売しているもののほうがよいものであるように思えたことがあるはずである。これらがハロー効果の一例であり、とくに肩書きや学歴によって生じやすいとされている。

ちなみに先述した2つの例は、ポジティブ・ハロー効果と呼ばれ、ハロー効果の中でも、「よい部分によって、ほかの部分もより高く評価される」という現象である。

反対に、身なりがだらしないと、性格までだらしないように見られるなど、「悪い部分によって、ほかの部分も低く評価されてしまう」ことを、ネガティブ・ハロー効果という。

💬 使用例

「そこのお客様、日本酒はいかがですか!?」

「ふん、ハロー効果だな! わしはスイーツ好きじゃ」

🔑 キーワード

- ホーン効果…悪い部分の影響で、ほかの評価も下がる傾向。
- ゲイン・ロス効果…ギャップがあるほど、印象深くなる心理現象。
- 感情ヒューリスティック…感情にもとづいて判断をする傾向。

言葉よりも表情や声を優先

メラビアンの法則

矛盾したメッセージを受けとる際には、話の内容よりも表情や声の様子が重視される。

「好意的な話をしているのに、表情が冷たい」「悪意のある話をしているのに、微笑んでいる」というように、相手から矛盾したメッセージが発せられた場合には、話の内容や言葉の意味よりも、表情や声の調子が重視される傾向にあることを説明した法則。アメリカの心理学者であるメラビアンの実験にもとづいた考えであるため、この名称がついた。

先述のような矛盾したメッセージにおいて、相手に影響を及ぼすものの割合は、見た目や表情などの視覚情報が55％、声のトーンや話す速さなどの聴覚情報が38％、言葉の意味や話の内容などの言語情報が7％とされている。

こういった内容を拡大解釈して、メラビアンの法則は「人の印象は見た目で決まる」「人は見た目が9割」といった意味としてとらえられることが多い。しかし、本来の意味はあくまで「矛盾したメッセージを受けとる場合」に限ったものである。

💬 使用例

「悲しいエピソードを話しても、みんなが悲しんでくれないの」
「笑顔で話してるからじゃない？ メラビアンの法則だよ」

🔑 キーワード

・マガーク効果…視覚と聴覚の相互作用で、音声を錯覚すること。
・デュシェンヌスマイル…頬が上がり、目尻にシワのある真の笑顔。
・ノン・デュシェンヌスマイル…目が笑っていない社交辞令的な笑顔。

形を「まとまり」としてとらえる

プレグナンツの法則

図形を見るときに、線や点などの「個別」ではなく、「まとまり（ゲシュタルト）」として認識すること。

◆

図形やものを知覚・記憶するとき、それらを個別のものとしてではなく、「まとまり」（心理学では「ゲシュタルト」という）として認識する傾向について説明した法則のこと。

たとえば、スーパーでトマトがたくさん売られていたら、「山のように積まれたトマト」などと、「まとまり」として認識はするものの、トマト一つ一つに目を向けることはあまりない。また、三本の線で描かれた三角形を見たときには、「三本の線があるな」とは認識せず、「三角形が描かれているな」などと、三本の線がまとまってつくり上げた形として認識するはずである。これらはすべて、プレグナンツの法則として説明できるものである。

プレグナンツの法則には、近くにあるものをまとめて見てしまう「近接の要因」や、色や形などが似たものをまとめて見てしまいやすい「類同の要因」、括弧などで閉じ込められたものをまとめやすい「閉合の要因」など、多くの要因があるとされる。

💬 使用例

「これだけ人が多いと、人というよりも大きな塊に見えるなぁ」
「プレグナンツの法則が効いてるね、それ」

🔑 キーワード

・ゲシュタルト崩壊…全体性が失われ、分離した形に見える現象。
・群化…図形やものを「まとまり」として見ようとする傾向。
・仮現運動…動くものを見ると、停止したものが動いて見える現象。

知覚
心理学

壺に見えたり顔に見えたり

ルビンの壺

心理学者であるルビンが考案した、
中央に壺が見えたり、左右に顔が見えたりする図形。

デンマークの心理学者であるエドガー・ルビンが考案した図形で、中央に壺が浮き出て見えることもあれば、左右に向き合った2人の顔にも見える。ただし、両者を同時に認識はできない。

人が「形」を知覚するには、その形以外の別のもの（背景）から切り離したうえで認識する必要がある。それによって知覚されたまとまりのある形を「図」、その背景にあたる部分を「地」と呼ぶ。そして、図として浮かび上がっていた部分が地になり、地として沈んでいた部分が浮かび上がって図として認識されるといった、入れ替わり（図地反転）が起こることがある。ルビンの壺では、この図地反転が非常にスムーズに行われる。壺が見えるときは、壺が「図」で、左右の顔は「地」になる。反対に、左右の顔が見えるときは、顔が「図」で、壺が「地」になるのだ。

私たちが形を視認できるのは、その形と「別のもの」が存在しているからといえるのである。

💬 使用例

「この地図、地面の部分が文字になっていたりするんだ」
「ルビンの壺みたいに、図と地が入れ替わるようにしてるんだね」

🔑 キーワード

・錯視…実在する対象を誤って知覚する、視覚での錯覚のこと。
・ゲシュタルト心理学…精神活動を全体の構造でとらえる心理学。
・不可能図形…絵では立体に見えても、実物で立体化できない図形。

真ん中が「ちょうどいい」

ゴルディロックス効果

3段階の選択肢を提示された場合、人は真ん中のものを選びやすい。

3 段階の選択肢があったら、人は真ん中の選択肢を選びやすいという心理現象のこと。この名称は、イギリスの童話『3びきのくま』に出てくる少女・ゴルディロックスが由来。作中で、3匹のクマの家にあったもののうち、彼女は自分に合うものを選んだことから、「ちょうどいいものを選ぶ」という意味として定着した。

日本では、「松竹梅の法則」として知られている。これは、松・竹・梅の3段階の選択肢がある場合、真ん中の竹がもっとも選ばれやすいことで、その比率は松2：竹5：梅3とされている。

もしこれが3択ではなく「高いもの」「安いもの」の2択だったら、「安いもの」が選ばれやすくなる。また、4択以上になると、「選ぶのが面倒」という気持ちになり、選ぶこと自体をやめてしまう可能性が高くなる。そのためマーケティングにおいては、売上を確実に上げるためにも、値段や品物の種類を3種類にすることが多いのである。

💬 使用例

「満腹だが、ポテトのS・M・Lのうち、俺はあえてLを選ぶ！」

「ゴルディロックス効果に逆らいたい気持ち、嫌いじゃないぜ」

🔑 キーワード

- 決定回避の法則…選択肢が増えると、逆に選択が難しくなる法則。
- 極端の回避性…複数の選択肢から中程度のものを選ぶ心理効果。
- おとり効果…劣る案を選択肢に入れて意思決定を変化させること。

対称的なものに惹かれる

シンメトリー効果

左右対称などの対称的なものに対し、
好感を抱きやすい傾向のこと。

左右対称や上下対称など、対称的なパターンやデザインに対し、人は好感を抱きやすい、という傾向のこと。

シンメトリー効果を使った対称的なものは、「バランスがいい」「整っている」というイメージを生むため、人の目を惹きつけやすいと考えられている。美術品や建築物などに対称的なデザインのものが多いのは、このためであろう。また、一般的に「美人」「イケメン」といわれる人の顔も、左右対称に近いとされ、ここにもシンメトリー効果の影響がうかがえる。

一方で、対称性のないものには、人は違和感や不快感を抱きやすいとされている。たとえば、人の笑顔でも、左右の口の端を両方上げていれば、「楽しそう」「かわいい」といった好感をもちやすいが、片方の口の端だけを上げて笑うと、「何か企んでいそう」「不気味」といったマイナスのイメージをもたれやすいのも、「逆シンメトリー効果」といえそうである。

💬 使用例

「好感をもってもらえるように、左右対称のメイクをしてるんだ」

「シンメトリー効果を上手く使ってるなぁ」

🔑 キーワード

・アシンメトリー…非対称的で不均衡だが、バランスがとれたもの。
・黄金比…人間がもっとも美しいと感じる比率。
・ストループ効果…同一性のない要素のせいで理解が遅れる効果。

先に起こったことが刷り込まれる

プライミング効果

「10回クイズ」のように、先に起こったことが、その後の言動や判断に影響すること。

先に見聞きして得た刺激や情報が、そのあとからの刺激・情報に対する反応に影響を及ぼすこと。

たとえば「10回クイズ」で、「ピザ」と10回言ってもらったあとに、肘を指さして「じゃあここは？」と聞くと、多くの人が「膝」と答えてしまう。これは、「Piza」という音韻が刷り込まれ「Hiza」を思いつき、「ピザと答えないように」と気をつけたうえで「膝」と答えてしまうという、プライミング効果である。

また、「首振り実験」でも、プライミング効果が確認されている。この実験では、被験者にヘッドフォンで音を聞かせ、「ウンウン」と頷くように縦に首を振ってもらうグループと、拒否するように横に首を振ってもらうグループに分ける。その後、ラジオの論説番組を聞かせたところ、前者のグループでは内容に賛成する人が、後者は反対する人が多数を占めた。このように、動作が先行した刺激となるプライミング効果も存在するのである。

💬 使用例

「おいしそうなカレーのにおいがしたから、今夜はカレーよ！」

「プライミング効果め。ステーキならよかったのに！」

🔑 キーワード

- フロリダ効果…目にした言葉が、その後の行動に影響する現象。
- 潜在記憶…無意識でできる動作の記憶など言語化できない記憶。
- サブリミナル効果…微小の刺激で無意識へ影響を及ぼすこと。

認知の歪み

　心理学を学ぶと、いかに人間が慣習や経験による無意識な思い込み、クセにもとづいて行動してしまうかがわかって、ゾッとしちゃうわよね。
　人間の記憶はどんどん抜け落ちていくけど、経験は無意識のうちに蓄積される。これがけっこうやっかいなのよ。

　たとえば、試験で失敗した経験のある人は、試験勉強や試験を受ける段階で強いストレスを感じるようになるわ。なんならお腹がいたくなったり、気分が悪くなったりするでしょうね。

　けれど、「試験」そのものは、べつによいものでも悪いものでもないのよ。「試験」は「試験」にすぎないの。十分に勉強して「これは楽勝」と思えるなら、ゲームみたいに楽しめるかもしれないでしょ。

　つまり、経験を蓄積する人間は、経験をもとにした認知の仕方によってストレスを必要以上に重大なものとして受け止めることが多々あるの。

　人付き合いでも、お気楽そうな子を見て「○○ちゃんは、ラクばかりしてずるい」と思うことがあるかもしれない。

　でも、それはあなたの前でそうしているだけで、じつは体調がすぐれないから無理をしすぎないようにしているとか、ほかの場所でがんばっていることがあるとか……、別の角度から見たらその子の印象ががらりと変わる可能性もあるのよ。

　複数の情報を入手したり、異なる角度から考えて認知の歪みを改善することで、あなたのストレスが緩和したり、人に対してやさしくふるまえたりするかもしれないわ。
　改めて、人間が陥りやすい10の認知の歪みをお伝えするから、時々見返してみてね。

世界が180度変わって見える!?
認知の歪みベスト10

◆

これが心理学にもとづく「認知の歪みベスト10」にゃ。
気分がとても落ち込んでいるとき、あるいは他者に対して
きつく当たってしまうときに、このような歪みが発生して
いないか、振り返ってみてほしいにゃ。

① 白黒思考
両極端な２つのカテゴリで
物事を判断する。

② 過度の一般化
一つの事象も検証せずに
一般的なものとして認識する。

③ 心のフィルター
物事のポジティブな面を見過ごし、
ネガティブな面ばかり見る。

④ マイナス化思考
ポジティブなことであろうと、
ネガティブなものに変換する。

⑤ 結論の飛躍
十分な根拠もないのに
悲観的な結論を出す。

⑥ 拡大解釈／過小評価
一つの出来事ですべてが終わった
と錯覚するのが拡大解釈。成果な
どを卑下することが過小評価。

⑦ 感情的決めつけ
自分が感じたことをあたかも
真実のように認識してしまう。

⑧ すべき思考
必要以上のプレッシャーをかけて、
「〜すべき」と思い詰める。

⑨ レッテル貼り
自他に対して、ある印象や
言動からマイナスの
思い込みをする。

⑩ 個人化
自分に非がないことでも、
「自分のせい」と思い詰める。

よだれを垂らすことも「学習」できる

パブロフの犬

経験や学習によって、後天的に身につける
自動的な反応のこと。

◆

生理学者のイワン・パブロフが、犬にエサを与えるたびに、ベルの音を鳴らすようにしたら、ベルの音を聞くだけで、犬がよだれを垂らすようになったという実験が由来の現象。「古典的条件づけ」とも呼ばれる。これは、「よだれを垂らす」という動物にとって生理的な反応と、それと無関係な刺激を結びつけたもの。パブロフの犬の状態になると、「よだれを垂らす」などの生理的な反応を意識的にコントロールできなくなる。

また、パブロフの犬に似たものに、報酬や罰に対して、動物が自発的に行動することを学習する「オペラント条件づけ」がある。これは、ネズミがレバーを押したらエサが出てくる経験をすると、レバーを押す行動をするようになるという実験にもとづいている。

こちらはパブロフの犬とは異なり、「エサが出る」などの刺激に対して、自ら行動を増減させるもので、「怒られる」と学ぶと、悪いことをしなくなるといった、子どもへのしつけにも見られる。

💬 使用例

「推しの名前を見ただけで、心がドキドキするんだよねー」

「もはやパブロフの犬だね、それは」

🔑 キーワード

・反射…刺激に対して起こる無意識な反応。
・条件反射…特定の条件下で刺激を受け続けて獲得する反射。
・刷り込み…生後すぐに見た動く物体を親として覚え込む現象。

犯罪
心理学

与えられた「役割」が人格を変える

スタンフォード監獄実験

アメリカのスタンフォード大学で行われた、与えられた「役割」による心理についての検証実験。

1971年にアメリカのスタンフォード大学で行われた、「与えられた『役割』というものが、人にどのような影響を与えるか」について、検証するための実験のこと。

この実験では、大学生を「囚人役」と「看守役」に分け、実際の刑務所のような生活をさせた。すると、次第に看守役が囚人役に対して残酷な行動をするようになり、囚人役からは実験の中止を求める者が出るなど、精神状態が悪化することとなった。そのため、実験は6日で中止された。

この実験の結果から、人間は特定の役割を与えられると、本来の性格とは無関係な属性であっても、それに準じた行動をとってしまうことが証明されたといえる。

しかしこの実験には、「参加者の人権を無視している」という倫理的な批判があり、さらには「やらせ」の問題があったのではないかと、実験の信憑性を疑う声も大きい。

💬 使用例

「あいつ、部長って役割を与えられたら、偉そうになったよな」

「そんなの、スタンフォード監獄実験でわかってたことじゃないか」

🔑 キーワード

・リベットの実験…「人間に自由意志はあるか」を検証した実験。
・ミルグラム実験…権威者からの非倫理的な命令に従うかの実験。
・ルシファー効果…人間は環境によって悪人になり得ること。

偉い人の言うことは正しい

ミルグラム効果

権威のある人やものを妄信してしまい、
倫理的に問題があることでも従ってしまう傾向。

権威のある人・ものを無条件で信頼し、正しいと思ってしまう心理傾向のこと。「権威への服従原理」とも呼ばれる。

アメリカの心理学者スタンレー・ミルグラムは、人は権威者から命令されたらどの程度服従するのかを調べる実験を行った。それは、生徒役にテストを受けさせ、間違えると、教師役が電気ショックを与えるというものであった。生徒役が間違えるたびに、教師役の被験者は、白衣を着た権威者からより強い電気ショックを与えることを要求される。じつは生徒役はサクラで、実際には電気は流れておらず、苦痛の演技をしているだけである。教師役はその反応を真実だと思い込んで不安になるが、それでも権威者が指示すると、教師役全員が300V程度まで電流を流し続け、致死の可能性がある最大電圧の450Vまで上げ続けた教師役は65%にも及んだのである。

この結果から、閉鎖的な状況で権威者による命令を受けた個人は、深刻な暴力的行為に至りかねないと証明されたのである。

💬 使用例

「この水は健康にいいって、有名な科学者が言ってたんだよ！」
「ただの水をそこまで思い込めるなんて、ミルグラム効果だな」

🔑 キーワード

・オートノミー…外部の支配を受けずに判断し、善を選べること。
・権威バイアス…権威者の意見を過度に信用し、従う傾向。
・サードウェイブ実験…ナチズムが広まった過程を追体験する実験。

小さなことから凶悪犯罪を防ぐ

ブロークンウィンドウ理論

ささいな犯罪を見逃さずにとり締まることで、凶悪犯罪を防げるという理論。

軽い犯罪や風紀の乱れをとり締まり、減らすことで、凶悪な犯罪を抑止できるという考え方。「割れ窓理論」とも呼ばれる。

この理論を提唱したのは、アメリカの心理学者のジョージ・ケリングである。彼は、「窓ガラスを割れたままにしている建物は、だれも管理していないと思われ、ほかの窓ガラスも割られてしまう」という考えから、「窓ガラスが割られた建物があると、その地域自体が管理されていないと思われてしまい、やがて地域全体が荒廃する」として、最初の「割れた窓ガラス」をそのままにしないことが、凶悪犯罪を防ぐ手段であるとし、ブロークンウィンドウ理論を生み出した。

実際、アメリカ・ニューヨーク市では、1994年から落書きや無賃乗車などの軽犯罪を厳しくとり締まったところ、殺人や強盗などの凶悪犯罪が激減した。日本でも、さまざまな地域でブロークンウィンドウ理論にもとづいた運動が行われている。

🗐 使用例

「毎日近所を掃除したら、近所の空き巣が減ったんだよ」

「ブロークンウィンドウ理論って、結構効果があるんだな」

🔑 キーワード

・犯罪原因論…犯罪の原因を究明し、新たな犯罪を防ぐ理論。

・ゼロトレランス…重大な違反を防ぐために軽い違反を罰すること。

・ハインリッヒの法則…重大事故の陰に小規模事故が多数ある法則。

狭い世界での「多数派」という錯覚

エコーチェンバー現象

SNSなどの狭い世界で、
自分と同じ意見ばかりが集まる現象。

「エコーチェンバー」は、狭い空間で音が響くように設計された共鳴室のこと。自分に似た価値観や考え方をもった人ばかりが集まるSNSなどの狭い世界を、この共鳴室にたとえ、自分の意見に似たような意見や考えばかりが、反響するようにあちこちから聞こえてくる状態のことをいう。

　SNSでは、自分と類似した価値観や考え方のユーザーが集まりやすい。その中でコミュニケーションをくり返すと、自分と似た意見や考えばかりが増幅され、反対意見や批判的な意見が入ってこないという、偏った状況になる。また、自分の発信にも肯定的な反応しか返ってこないため、「やっぱり自分の意見は正しいのだ」と思い込んでしまうようになり、「自分たちの意見は間違っているかもしれない」と気づくきっかけを失ってしまう。

　この状況が続くと、自分たちとは異なる意見を排除するようにもなり、意見の違う人同士での対立や分断も起こりかねない。

💬 使用例

「おにぎりの具は梅干ししか勝たん！　SNSでもみんな言ってる！」

「それ、エコーチェンバー現象だろ？　俺の友達はツナ派が多いぞ」

🔑 キーワード

・集団的思考…全員参加の討議で集団での意見を調整する過程。
・サイバーカスケード…ネット上で閉鎖的で過激な集団をつくること。
・同類原理…持論の正しさを周囲と同意見かどうかで判断すること。

隠蔽は逆効果

ストライサンド効果

都合の悪い情報を隠そうとすればするほど、かえって拡散されてしまう現象。

情報を隠そうとすると、むしろその情報が広まってしまう現象のこと。アメリカの歌手であるバーブラ・ストライサンドが、自宅の写真をインターネットで公開しないように裁判を起こしたところ、かえって多くの写真が拡散されてしまったことが由来になっている。

インターネット上にある情報の場合、元の情報を削除したとしても、キャッシュ（ウェブページのデータを一時的に保存するしくみ）には、その情報の履歴が残ってしまう。また、削除前の情報がスクリーンショットや写真で保存され、その画像が削除前以上に拡散されることもあるため、日本では「消すと増える法則」ともいわれている。

これは、人間は何かを隠されると、それを知りたいという欲求を満たしたくなることが原因で、その欲求に駆られるように、隠そうとしている情報を探し当てたり、拡散したりするとされている。

💬 使用例

「我が社の不祥事情報は削除して、隠し通したいんだが……」

「ストライサンド効果を考えれば、やめたほうがいいですよ」

🔑 キーワード

・忘れられる権利…ネット上の個人情報を消すよう請求する権利。

・コブラ効果…問題を解決しようとして、かえって悪化させること。

・デジタルタトゥー…ネットで発信した情報が削除しきれない状況。

正論が逆効果に
バックファイア効果

1：名無しの敵0098　2023/12/ｘｘ（月）13：43：12
　　さすがに言い訳すぎてｗｗｗｗｗｗｗｗｗｗｗｗｗ

2：名無しのX8087　2023/12/ｘｘ（月）15：12：32
　　訳わかんねえ事言ってんじゃねえよ＊＊＊＊

3：名無しの敵0098　2023/12/ｘｘ（月）17：23：11
　　負け惜しみで

4：名無しのX8
　　お前ｄ

自分の考えや意見が否定されると、かえって自説への信念を強めてしまうこと。

自分の認識に対し、都合が悪かったり、信じたくなかったりするような情報・証拠を提示されると、それらの指摘を拒絶して、自分の認識に対する信念を強めてしまう現象。「バックファイア」は、ガスで出した炎が、ガスの供給側に戻ってしまい、爆発を起こしかねない現象である「逆火」のことで、どんなに正しい理論を説明しようとしても逆効果になることを表している。

これは、誤りなどを指摘されたときに、その誤りを認めたり正したりすることなく、ひたすら自説を訴え続けるといった、SNSでのレスバトルで見られることが多い現象である。また、バックファイア効果に陥ったように見せて、自説をくり返し発信し続けて注目を集める「炎上商法」も存在している。

なお、バックファイア効果は、アメリカのダートマス大学が行った実験をもとに提唱されるようになったが、完全に証明されたわけではなく、研究段階にある理論である。

💬 使用例

「否定の意見なんて聞かねーよ！ 絶対に俺の意見は正しいんだ！」
「バックファイア効果かよ。顔真っ赤で草」

🔑 キーワード

・敵対的メディア認知…メディアは敵対者の味方だと認識する現象。
・自己隠蔽…不利な個人情報を他者に見せないようにする傾向。
・ファクトチェック…情報の内容の真偽や正確さを検証する方法。

まわりの影響で考えが極端化

リスキーシフト

集団における意思決定によって、個人の意見が
極端で危険な方向へと進んでしまうこと。

集団内の討議や意思決定などを通じて、人のもつ意見・心情が、より極端で危険（リスキー）なものに変化する現象のこと。

　たとえば、「ＡとＢのどちらがいいか」という議論が起こったとき、最初のうちは「どっちかというとＡかな？」といった程度の意見だったにもかかわらず、その人が属する集団内で「Ａしかあり得ないからＢは排除しろ！」などの極端で危険な考えがあると、それに引っ張られるようにして、その人自身の考えも過激で危険なものへと変化しやすいのである。実際に、リスキーシフトに関する実験では、危険で極端な意見は、集団内で歓迎される傾向にあり、ほかの人に影響を与えやすいということがわかっている。

　世界規模では、「自分の国だけが絶対正しい！」といった意見に引っ張られるリスキーシフトの結果、戦争は起こると考えられている。また、似た意見の人たちが集まりやすいSNSでもリスキーシフトが起こりやすいとされている。

💬 使用例

「俺のまわりはみんなこしあん派だ！　つぶあん派は撲滅しろ！」
「リスキーシフトでずいぶんと過激なことを言うようになったな」

🔑 キーワード

・コーシャスシフト…集団内で個人の意見が慎重な方向になること。
・群集心理…集団内にいることで冷静さを失う心理状態。
・集団分極化…集団内で個人の意見や考えが強化されること。

社会規範を失った混沌とした状態

アノミー

社会の変化で拠り所を失くし、自己喪失感や無力感に襲われる。

社会のルールや常識、価値観などが変化したり、崩壊したりすることで起こる混沌とした状態や、社会規範が失われた状態のこと。

19世紀の社会学者であるエミール・デュルケームが、当時の社会を表す言葉として用いたもので、近代化にともない、大家族や地域社会といった、多くの人が属してきた伝統的な「団体」が崩壊し、人々が所属できるもの・場所を失った状態をアノミーとした。

また、アノミーの状態にある社会では、新しい基準や受け皿もまだつくられていないため、人々は「何をしていいかわからない」「何をやっても認められない」といった状態に陥りやすくなる。そこから、国や地域におけるルールに従う必要がないと感じるようになり、個人の欲求の規制をも失わせてしまいやすくなる。

そのため、アノミーは精神疾患の発症や、殺人などの犯罪、自殺を引き起こす社会的条件になり得るとも考えられている。

💬 使用例

「部活を引退したら、みんな何をしていいかわかんなくって……」

「アノミーになってんじゃん、それ」

🔑 キーワード

・アナーキー…無政府・無秩序な状態のこと。
・逸脱行動…既存の社会規範や価値観から逸脱する行動。
・ニューノーマル…社会に新しい常識や価値観が定着すること。

心理学年表

17世紀末	「モクリーヌス問題」(「目が見えず、触覚を頼りにして物を見分けていた人が、仮に目が見えるようになったとき、視覚だけで立方体や球体を区別できるか?」といった問い)が議論を呼ぶ。
18世紀末	フランス革命に前後して、フィリップ・ピネルが精神病のメカニズムや治療法を開拓。精神の不調により迫害や差別を受けていた人々を救った(「精神病者の鎖からの解放」)。
19世紀末	ドイツのライプツィヒ大学で、物理学者のウェーバー、フェヒナーが感覚や刺激に関する研究を行い、精神物理学を発展させる。これらの実験は、のちの心理学の実験方法にも影響を与えている。
1873年〜1874年	ウィリアム・ジェームズがアメリカに心理学を広め、のちに「心理学の父」と称されるようになる。
1879年	ヴィルヘルム・ヴントがライプツィヒ大学に心理学実験室を整備。これにより、心理学が成立したといわれている。
1885年	ヘルマン・エビングハウスが学習と記憶についての実験を行う。「記憶後9時間の間に記憶の60%近くが失われる」、「覚えたことの3分の2は、24時間後には忘れる」などの説を導き出し、記憶が失われるまでの推移は「エビングハウスの忘却曲線」と呼ばれる。
1896年	ヴントの弟子にあたるウィットマーがペンシルバニア州立大学に心理学的クリニックを開き、学習障害児などへのケアを実践し、臨床心理学を発展させる。
1900年	ジークムント・フロイトが『夢の解釈』を発表する。その後、意識の区分や自我の構造などの機能を提唱する。

1913年	ジョン・ワトソンが「行動主義宣言」を発する。これは、心理学は客観的に観測可能な「行動」から分析を行うべきであるというもの。「内省」（被験者の証言）に重きを置いていたヴントへの批判ともいえる宣言であった。
1920年	ワトソンが「アルバート坊やの実験」を行う。「乳幼児に対し、白いネズミを見せながら大きな音を発すると、のちに白いネズミを見ただけで怖がるようになる」という結果から、「人間の感情は後天的に学習や消去が可能なのでは？」という考えが広まる。
1927年	イワン・パブロフが犬を対象にした「条件づけ」の実験を行う。「ベルを鳴らしてから犬にエサを与えると、ベルの音を聞いただけで犬がよだれを垂らすようになる」という結果はのちに「パブロフの犬」として広まり、「古典的条件づけ」の例となっている。
1930年	B・F・スキナーが「オペラント条件づけ」の効果を実験で検証する。
1935年	コンラート・ローレンツが動物の「刷り込み現象」を発見する。
1936年	フロイトの娘で精神分析医のアンナ・フロイトが『自我と防衛』を発表し、「防衛機制」について説く。
	ジャン・ピアジェが幼年期における認知過程の成長について研究する。ピアジェによると、子どもたちは4段階の発達過程を経て成長するとされ、教師の役割は発達段階に応じた課題を提供し、子どもの自立した考えと創造力を育てることにあると説いた。
1950年	アラン・チューリングが『計算機械と知性』において、人間の脳を経験をつうじて学習する「組織化された機械」と述べる。この研究は現在のAI（人工知能）研究にも影響を与えている。
	エリク・エリクソンが『幼年期と社会』にて人間の心理が発達するまでの8段階の過程について述べる（「エリクソンの発達段階」）。なお、エリクソンは青年期の「アイデンティティ・クライシス」の存在にも注目していた。

1954年	コーベット・H・セグペンとハーヴェイ・M・クレックレーが『イヴの三つの顔』の中で多重人格障害の事例を紹介する。
1955年	メラニー・クラインが論文「羨望と感謝」を発表。「死の本能」は「生の本能」と同様に生まれたときから存在し、2つの本能は生涯戦い続けると説いた。
1956年	ジョージ・アーミテージ・ミラーが人間の脳が一度に記憶できるのは「7つの情報の塊り」だけであると論じる。
1959年	動物行動学の研究が進み、動物の行動は学習（条件づけ）だけでなく、本能による影響も大きいのではないかという論が広まる。言語学習の権威でもあるノーム・チョムスキーがスキナーの『言語行動』を批判し、認知革命を巻き起こす。
1961年	アルバート・バンデューラが、「ボボ人形実験」を行う。ボボ人形を殴る大人を見た子どもはボボ人形に対して攻撃的になるという結果が得られた。
1963年	スタンレー・ミルグラムが『服従の行動主義的研究』にて、人間には、権威に従うためなら道徳心を軽視してしまう傾向があると説く。これは「ミルグラム効果」と呼ばれるようになった。
1967年	ロロ・メイが『実存』を刊行。人生には苦しみが存在するが、苦しみや悲しみは病理的にとり除けばよいというものではなく、成長するうえでは避けられない自然な存在なのだと説いた。ロロ・メイにより、アメリカで実存心理学が発展することとなる。 アーロン・ベックがうつ病の治療法として、「認知行動療法（CBT）」を提案する。
1968年	ロバート・ザイアンスが「単純接触効果」について実験を行う。単純接触効果とは、興味がないものでも何度も接触するうちに好印象を抱くようになる効果で、「ザイアンス効果」とも呼ばれている。
1970年	アブラハム・マズローが『人間性の心理学』で自己実現の段階について説く。

1971年	フィリップ・ジンバルドーが「スタンフォード監獄実験」を実施。
1978年	ゴードン・H・バウアーが実験に基づき、「記憶の検索(再生)」は当人の気分によって左右されるのではないか？と報告する。
1979年	エリザベス・ロフタスが『目撃者の証言』にて、目撃者の記憶は曖昧で、当初から不正確な場合もあれば、あとづけで歪められる可能性もあり、証拠として見るには信憑性に欠ける可能性があることを論ずる。これは「誤記憶症候群」と呼ばれるものになった。
2001年	ダニエル・シャクターが『なぜ、「あれ」が思い出せなくなるのか』にて、誤った記憶が残るのはどうしてかを研究し、「記憶の七つの罪」の存在を説いた。
2003年	ポール・エクマンが人間の6つの情動(「怒り」「嫌悪」「恐れ」「幸福」「悲しみ」「驚き」)について研究する。これらの情動は「暴走する列車」のようなものであり、ときにこの情動が生きようとする意思を上回ってしまうことがあるのを知ることで、精神疾患への理解が深まるとした。また、感情を隠すための「ディセプション(ごまかし)」についての研究はテロ撃退のセキュリティ装置に応用されている。

◆

参考文献

『有斐閣 現代心理学辞典』子安増生、丹野義彦、箱田裕司 監修(有斐閣)

『図解・最新 心理学大事典』中野明 著(秀和システム)

『心理学検定 専門用語&人名辞典』一般社団法人日本心理学諸学会連合
心理学検定局 編(実務教育出版)

『心理学・入門〔改訂版〕ー心理学はこんなに面白い』サトウタツヤ、渡邊芳之 共著(有斐閣)

『感情心理学・入門』大平英樹 編 (有斐閣)

『10代からの心理学図鑑』マーカス・ウィークス 著、ジョン・ミルディンホール 監修、
渡辺滋人 訳(三省堂)

『心理学大図鑑』キャサリン・コーリン ほか 著、小須田健 訳(三省堂)

『日本大百科全書(ニッポニカ)』(小学館)

『ブリタニカ国際大百科事典 小項目事典』ブリタニカ・ジャパン株式会社 編著(ロゴヴィスタ)

今すぐ君の武器になる

今日から使える心理学

2024年4月9日　第1刷発行

編	文響社
装画	ちゃこたた
イラスト	一芒／憂目さと／辛口梟／革蝉／北原ユシキ／呉々／ゲン助／ 高市／ちゃこたた／とろろとろろ／azma／fjsmu／mna

デザイン	神戸順
本文DTP	有限会社天龍社
校正	株式会社ぷれす
企画・編集	麻生麗子
編集協力	渡邊有祐＋加藤みのり＋江島恵衣美（株式会社フィグインク）
執筆協力	菅原嘉子

発行者	山本周嗣
発行所	株式会社文響社
	〒105-0001 東京都港区虎ノ門2-2-5　共同通信会館9F ホームページ　https://bunkyosha.com お問い合わせ　info@bunkyosha.com
印刷・製本	中央精版印刷株式会社